Dr Walter Fiedler

Deutschland – das unbekannte Land

Herausgegeben von
Rudolf Pörtner

Deutschland – das unbekannte Land

Herausgegeben von
Rudolf Pörtner

Band 1

Unser römisches Erbe

Von
Dr. Joachim von Elbe

Umschau Verlag · Frankfurt am Main

Umschlaggestaltung: Manfred Sehring
unter Verwendung des Fotos: Grabstein des Centurio Marcus Caelius aus Xanten
(Rhein. Landesmuseum Bonn)

CIP-Kurztitelaufnahme der Deutschen Bibliothek

Elbe, Joachim von:
Unser römisches Erbe / von Joachim von Elbe. –
Frankfurt am Main: Umschau Verlag, 1985.
(Deutschland – das unbekannte Land, Bd. 1)
ISBN 3-524-65001-5

Gestaltung: Kreativ-Design Gerd Aumann, Iris Feuerbach

Gesamtherstellung: Brönners Druckerei Breidenstein GmbH, Frankfurt am Main
Printed in Germany

Inhalt

Vorwort

Die Porta Nigra in Trier, so sagt man, kennt jedes Kind. Auch die konstantinische Palastaula, die Kaiserthermen und das antike Amphitheater in dieser Stadt sind Teile unseres tradierten Bildervorrates. Wenn man vom »römischen Erbe« spricht, erinnern wir uns auch des Römisch-Germanischen Museums in Köln, das in der deutschen Museumslandschaft neue Maßstäbe setzte, vielleicht auch des berühmten »Fahrstuhls«, der Wasserleitungsreste in der Eifel, der Boppar-der Mauer, der wiederhergestellten Saalburg bei Bad Homburg vor der Höhe, etlicher Limesstrecken und der Badruine von Badenweiler. Damit sind die wichtigsten, gleichsam schulbuchpflichtigen Rudimente der einstigen Germania Romana aber auch schon genannt.

Was sonst an Ruinen, Mauerresten, Erdwällen, Gräbern, Steinbrüchen, Denkmälern und eindrucksvollen Exponaten geblieben ist, lebt bestenfalls in einer Grauzone des Bewußtseins – man hat gelegentlich davon gehört, man hat es mit Interesse registriert, präzise Kenntnisse sind jedoch den Berufsexperten und einer Handvoll enthusiasmierter Liebhaber des römischen Deutschlands vorbehalten.

Diese Grauzone aufzuhellen, ist der Zweck dieses Reisehandbuches, des ersten Bandes in der Reihe »Deutschland – das unbekannte Land«.

Köln und Trier, Mainz und Worms, Augsburg und Regensburg sind darüber nicht vergessen worden, in der Hauptsache aber geht es um die kleineren Erinnerungszentren, die noch nicht zu historischen oder touristischen Ehren gelangt sind: um antike Wachtürme, Übungslager, Kalköfen, Villenfundamente, Hypokaustanlagen, Erdwälle, Gräben und was sonst das Imperium Romanun in Deutschland hinterlassen hat. Natürlich gehören auch die Museen dazu, nicht nur die großen, sondern auch die kleinen und ganz kleinen, die allenfalls mit kommunalen Mitteln unterhalten werden, in jedem Fall aber der freiwilligen und uneigennützigen Fürsorge ehrenamtlicher Mitarbeiter bedürfen. Da kann es dann durchaus vorkommen, daß sich der interessierte Besucher den Schlüssel zu den Schätzen, die er besichtigen will, selbst besorgen muß.

Aber auch eine Reise durch die unbekannte Germania Romana hat ihre Reize, verschafft überraschende Einblicke und erstaunliche Begegnungen. Und nicht zuletzt: aktuelle Informationen. Das hat seinen Grund. Es ist in den letzten dreißig Jahren im römischen Deutschland viel, sehr viel gegraben worden, und die Ergebnisse dieser Forschungen haben längst mehr Gewicht gewonnen als die Befunde, die die »Provinzialrömer« in den anderthalb Jahrhunderten zuvor eingebracht haben.

Um nur einige Beispiele zu nennen: In Trier vergeht noch immer kaum ein Tag, an dem nicht ein spektakulärer Fund gemeldet wird; in Ahrweiler (zwischen Neuenahr und Altenahr) wurde erst kürzlich die besterhaltene Villenanlage entdeckt, die je in Deutschland zu Tage getreten ist; und erst vor drei Jahren legten Archäologen in Osterburken im badischen Frankenland eine ganze Plantage antiker Weihesteine frei. Die Römerschiffe in Mainz, die außerordentlich instruktiven Funde bei den Prospektionen im Kölner Dom- und Martinsviertel, die römischen Thermen von Rottweil und Weissenburg, das Kastellbad von Schwäbisch-Gmünd, bisher unbekannte Limeskastelle, das Lager Dangstetten an der schweizerischen Grenze bei Bad Zurzach, die Gutshäuser in Lauffen und Hechingen, die galloromische Siedlung Schwarzenacker bei Homburg an der Saar, das Tor der spätromanischen Festung Koblenz – das alles sind ja Ergebnisse von Forschungsunternehmen der letzten Jahrzehnte.

Zu Gewinn und Freude der großen archäologischen Laienbruderschaft sind viele dieser Entdeckungen so weit konserviert oder restauriert worden, daß sie die Ergebnisse dieser Grabungen, so weit möglich, greifbar-begreifbar und anschaulich machen. Ja, man hat, vielen wissenschaftlichen Bedenken zum Trotz, ausgiebig rekonstruiert und wiederhergestellt: zahlreiche Limeswachttürme zum Beispiel, das Limeskastell am Kleinen Feldberg im Taunus, einen kompletten Limesabschnitt bei Neuhof, die Thermen in Weissenburg, das Haus des Augenarztes in Schwarzenacker bis hin zu den Kalköfen von Iversheim bei Bad Münstereifel, die – nebenbei gesagt – die Probe auf ihre Funktionstüchtigkeit glänzend bestanden.

Auch die Museumslandschaft ist vielfältiger, zugänglicher und bunter geworden. Neue Museen haben das Licht der Welt erblickt; alte sind umgerüstet worden. Viele römische Steindenkmäler haben unter freiem Himmel Platz gefunden. Am rätischen Limes im Ostalbkreis, in Lauffen, in Ladenburg sind antike Freilichtmuseen entstanden, Frankfurt hat sich einen historischen Garten zugelegt, in Xanten am Niederrhein wächst ein weitläufiger archäologischer Park heran.

An neuen und alten Zielen, die Geschichte zum Anfassen präsentieren, ist also wahrlich kein Mangel. Das vorliegende Buch, geschrieben von einem profunden Kenner der Szene, der sich das römische Deutschland regelrecht erwandert und erfahren hat, will zu diesen Zielen »verführen«, zumindest zu ihnen hinführen und sie zugleich erläutern und erklären. Es wendet sich somit an alle, denen Ver-

gangenheit mehr bedeutet als in Folianten gespeicherte Fakten; es spricht alle Menschen an, die bereit sind, die gewissermaßen vor der Haustüre liegenden, aber weithin unbekannten Kronzeugen unserer römischen Vergangenheit aufzusuchen – und selbst zu vernehmen.
Geschichte beginnt ja, wie man weiß, zu sprechen, wenn man sich ihren Kristallisationspunkten verständnisvoll (aber dreist, auch ein wenig neugierig) nähert. Sprödes Wissen setzt sich mit einem Mal, vor den Augen und Ohren des Besuchers, in Bild und Handlung um. Längst gewesene Gestalten, bedeutende und unbedeutende, und Ereignisse feiern eindrucksvolle Wiederkehr.
Auch die antiken Hinterlassenschaften in Deutschland werden auf diese Weise wieder Teil unseres Daseins. Wer ein Herz hat für die Sprache alter Mauern und sogenannter toter Gegenstände, spürt sozusagen am eigenen Leibe, wie stark unser römisches Erbe immer noch in uns weiterwirkt. Auch das verleiht dem Buch, über das Touristische hinaus, Gewicht und Bedeutung. Als Cicerone einer weithin unbeachteten Kulturlandschaft vermittelt es zugleich lebendig pulsierende Kulturgeschichte.

Bonn, im April 1985

Rudolf Pörtner

Römerherrschaft am Rhein und an der Donau

Fast ein halbes Jahrtausend lang gehörte ein Großteil der heutigen Bundesrepublik Deutschland zum Weltreich der Römer.
Die Eingliederung dieser Gebiete in den römischen Machtbereich vollzog sich in Etappen. Nach der Eroberung und Befriedung Galliens führte Caesar seine Legionen bis zum Rhein. Zweimal, in den Jahren 55 und 53 v. Chr., überschritt er auf kunstvoll errichteten Brücken den Rhein, aber nicht, um auf dem rechten Ufer für immer Fuß zu fassen. Für Caesar war der Rhein die »natürliche«, die endgültige Grenze des Reiches. »Populi Romani imperium Rhenum finire«. Die Rheinübergänge galten als Warnung an die unruhigen Germanenstämme jenseits des Rheins, die Grenzen des Römerreiches zu achten.
Um der Warnung Nachdruck zu verschaffen, ließ er beim zweiten Übergang eine Hälfte der Brücke auf dem linken Rheinufer stehen. Der Anblick des für die damalige Zeit unerhörten technischen Meisterwerkes sollte den Menschen auf der anderen Rheinseite die Macht des Römerreiches und seine Bereitschaft vor Augen führen, jederzeit einer Bedrohung der Rheingrenze zu begegnen.

Die Hoffnung, mit der Rheinlinie dem Nordosten des Reiches eine sichere Grenze geschaffen zu haben, erwies sich indessen als trügerisch. So bildete sich im Gebiet des keltisch-germanischen Stammes der Eburonen (auf dem linken Rheinufer etwa in der Gegend des heutigen Köln und Aachen), den Caesar als Vergeltung für die Vernichtung einer römischen Armee hatte aus-

Ausdehnung des Römischen Reiches um Christi Geburt

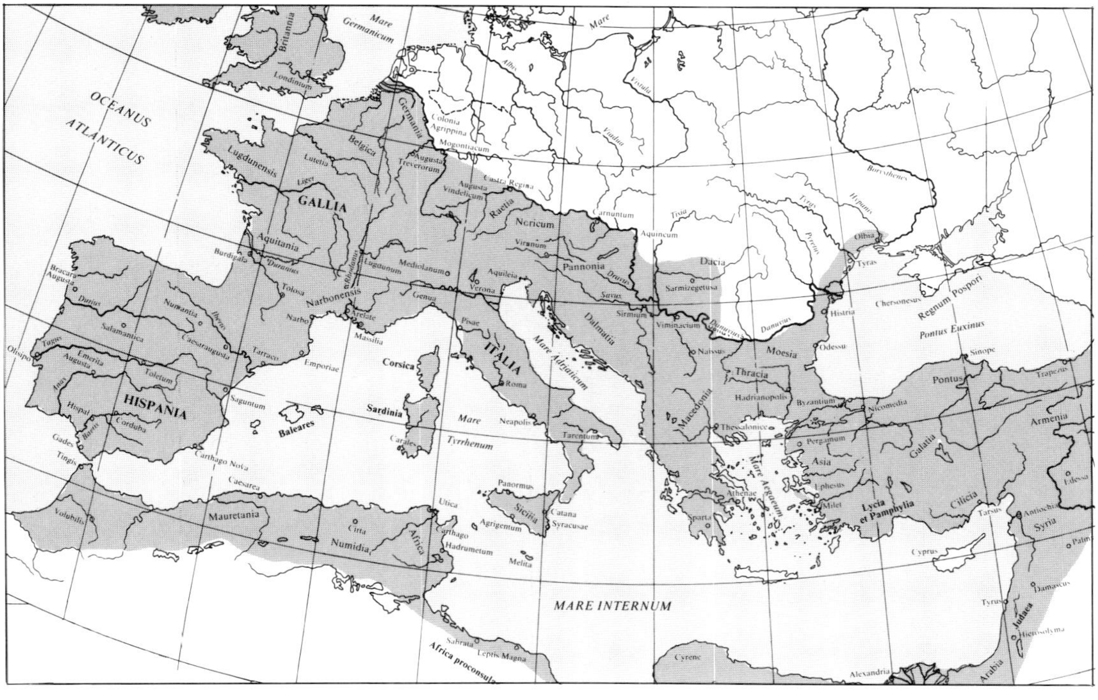

rotten lassen, durch nachrückende Germanenstämme ein neuer Unruheherd. Die Umsiedlung der römerfreundlichen Ubier vom rechten Rheinufer in dieses Gebiet durch Agrippa, den Schwiegersohn des Kaisers Augustus, im Jahre 38 v. Chr. sollte hier Frieden und Sicherheit schaffen.
Das gelang auf die Dauer nicht. Im Jahre 16 v. Chr. überschritt der germanische Stamm der Sugambrer den Rhein (nördlich des heutigen Bonn) und brachte der V. Legion Alaudae (der von Caesar aus gallischen Freiwilligen gebildeten »Lerchenlegion«) unter ihrem Kommandeur Marcus Lollius eine vernichtende Niederlage bei. Auch der Legionsadler ging verloren.
Diese »clades Lolliana« führte zu einer Wende in der strategischen Gesamtkonzeption des Reiches. Zentrales Problem für die Regierenden in Rom war es nach diesen Erfahrungen, die Germanenstämme im Nordosten des Imperiums unter Kontrolle zu bringen. Dies ließ sich nur durch Eroberung des Gebietes zwischen Rhein und Elbe erreichen. Mit der Ausweitung des römischen Herrschaftsbereichs bis zur Elbe wurde zugleich eine in fast gerader Richtung verlaufende Verbindung über Böhmen und Mähren zur mittleren Donau nach Panno-

Bildniskopf des Lucius Caesar (Mainzer Marmorkopf), frühes 1. Jh. n. Chr. (Mittelrhein. Landesmuseum Mainz).

nien (Ungarn) geschaffen. Dieser von Kaiser Augustus und seinen Beratern während eines Aufenthaltes des Kaisers in Gallien 16 v. Chr. erdachte Plan sollte durch eine militärische Zangenbewegung von Süden und Westen her verwirklicht werden.
Die erste Phase, der Angriff von Süden, verlief überraschend schnell und erfolgreich. Drusus und Tiberius, die Stiefsöhne des Kaisers, brachten im Jahre 15 v. Chr. mit einem kurzen Sommerfeldzug das Voralpenland, Siedlungsgebiet keltischer Stämme, darunter Vindeliker und Raeter, in römische Hand. Wenige Jahrzehnte später wird das Land bis zur Donau römische Provinz.
Ebenso günstig gestaltete sich zunächst auch die von den Legionslagern Vetera castra (Xanten) am Niederrhein und von Mogontiacum (Mainz) am mittleren Rhein aus begonnene zweite Phase des augusteischen Eroberungsplanes.
In mehreren Feldzügen erreichte Drusus im Jahre 9 v. Chr. die Elbe. Nach seinem Tod im gleichen Jahr (er hatte sich bei einem Sturz vom Pferd tödlich verletzt) konnte sein Bruder Tiberius die Militärherrschaft in den eroberten germanischen Gebieten soweit festigen, daß mit der Einrichtung einer römi-

Rekonstruierte römische Stadtmauer im archäologischen Park Xanten.

schen Provinzialverwaltung begonnen werden konnte. Zur Hauptstadt der Provincia Germania wurde das oppidum der von Agrippa auf das linke Rheinufer verpflanzten Ubier bestimmt. Ihr dort errichtetes Nationalheiligtum, die Ara Ubiorum, sollte religiöser Mittelpunkt und Kultstätte für die Verehrung Roms und des Kaisers in der neuen Provinz werden.

Während es Caesar gelungen war, das eroberte Gallien gegenüber Aufständen und Unruhen fest in das römische Reich einzugliedern, brach die Römerherrschaft in der Provinz Germanien schon nach verhältnismäßig kurzer Zeit in dem Ansturm verbündeter Germanenstämme unter Führung des Cheruskerfürsten Arminius (nur sein lateinischer Name ist überliefert) zusammen. In einer mehrere Tage dauernden Schlacht im »Teutoburger Wald« im Jahre 9 n. Chr. wurde die gesamte Streitmacht des römischen Statthalters Publius Quinctilius Varus (drei Legionen mit ihren Hilfstruppen) aufgerieben. Der Statthalter und höhere Offiziere »stürzten sich ins Schwert«. Nur wenige Überlebende konnten sich in rückwärtige Lager diesseits und jenseits des Rheins retten.

Grabstein des Kavalleristen Durises aus Köln, 2. Hälfte 1. Jh. n. Chr. (Rhein. Landesmuseum Bonn).

Die Germania-Politik des Augustus war damit in ihrem wesentlichen Teil gescheitert. Nur der Donauraum blieb dem Reich erhalten.

Spätere Versuche des Augustusenkels Germanicus, durch Kriegszüge in das Innere Germaniens das Schicksal noch einmal zu wenden, blieben erfolglos. Sie brachten lediglich die ehrenvolle Bestattung der am Ort der Varusschlacht noch aufgefundenen Gebeine der Gefallenen und die Rückgewinnung der verlorenen Legionsadler.

Kaiser Tiberius, der Nachfolger des Augustus, erkannte die Aussichtslosigkeit weiterer militärischer Unternehmungen in den riesigen Waldgebieten Germaniens und setzte mit der Rückführung auch der letzten Truppen aus rechtsrheinischem Gebiet im Jahre 16 n. Chr. den Schlußpunkt unter die augusteischen Expansionspläne.

Was sich zwischen Rhein und Elbe begab, blieb fortan dem Zugriff, ja wohl auch der Wahrnehmung Roms entzogen. Der Rhein wurde wieder, wie zur Zeit Caesars, die Nordostgrenze des Reiches und blieb sie für die nächsten Jahrhunderte bis zum Untergang der Römerherrschaft nördlich der Alpen.

Trotz der grundsätzlichen Entscheidung gegen Gebietserweiterung östlich des Rheins kam es in der Folgezeit doch noch zu allerdings

geringfügigen Neuerwerbungen, hauptsächlich aus militärstrategischen Gründen.
In den Jahren 73/74 unternahm Cn. Pinarius Cornelius Clemens auf Anweisung Kaiser Vespasians von seinem Legionshauptquartier Argentorate (Straßburg) aus einen Vorstoß in das obere Neckargebiet mit dem Ziel, eine direkte Verbindung vom Oberrhein in das Voralpenland zu schaffen. Mit dem Bau einer Straße von Straßburg nach Augsburg, der Hauptstadt der Provinz Rätien, wurde der zeitraubende Umweg über das Rheinknie bei Basel beseitigt. Die neue Querverbindung hatte zur Folge, daß die Nordgrenze der Provinz über die Donau hinaus bis zur Schwäbischen Alb vorgeschoben wurde. Im Zuge dieser Eroberungen wurde auch das untere Neckartal bis zur Mündung des Flusses in den Rhein besetzt.
Der Krieg Domitians gegen die Chatten (Vorläufer der heutigen Hessen) im Jahre 83 n. Chr. führte zur Eingliederung der fruchtbaren Wetterau in das römische Staatsgebiet und zum Bau des Limes Imperii Romani, der 548 Kilometer langen befestigten und militärisch überwachten Reichsgrenze, auch obergermanisch-rätischer Limes genannt, der am Mittelrhein zwischen Bad Hönningen und Rheinbrohl gegenüber dem Vinxtbach seinen Anfang nahm, einen kurzen Streifen rechtsrheinischen Gebiets umschloß, um über den Taunus und rings um die Wetterau bei Groß-krotzenburg die Mainlinie und durch den Odenwald bei Köngen (Grinario) den mittleren Neckar zu erreichen und dann entlang der Nordgrenze von Rätien westlich von Regensburg auf die Donau zu treffen, die von diesem Punkt aus die Grenze des Reiches bildete.
Eine letzte Grenzverbesserung durch Besetzung nichtrömischen Gebietes wurde durchgeführt, als um etwa 150 n. Chr. unter Kaiser Antoninus Pius die Odenwald- und Neckarlinie aufgegeben und der Limes auf einer schnurgeraden Linie von 80 Kilometern zwischen Walldürn und Welzheim um rd. 30 Kilometer nach Osten vorgeschoben wurde, wie man annimmt, aus Sicherheitsgründen zur leichteren Überschaubarkeit des Grenzverlaufs.

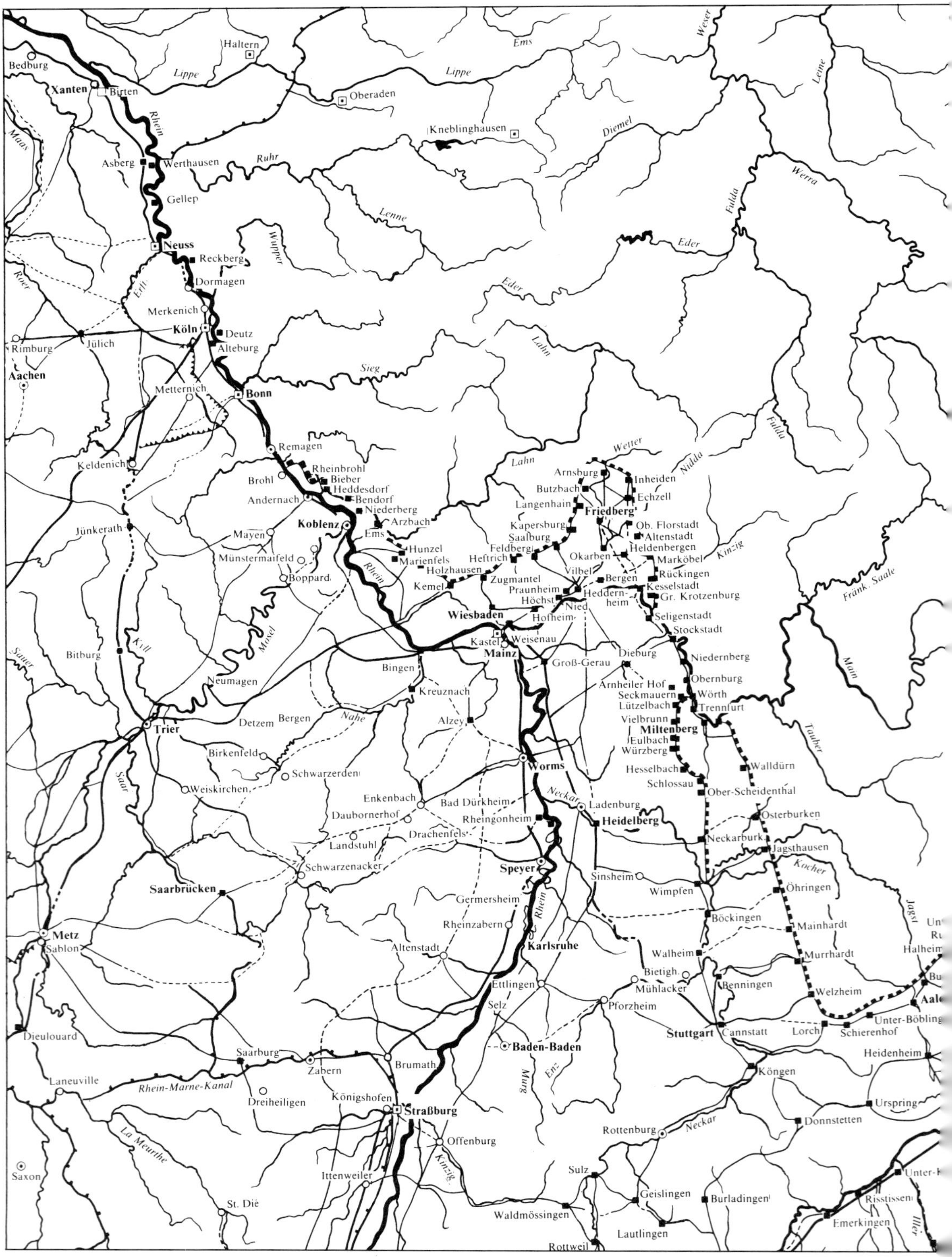
Haltern
Bedburg
Lippe
Xanten
Birten
Oberaden
Ems
Weser
Leine
Lippe
Rhein
Maas
Kneblinghausen
Diemel
Asberg
Werthausen
Ruhr
Werra
Gellep
Lenne
Fulda
Neuss
Wupper
Eder
Reckberg
Dormagen
Roer
Erft
Eder
Merkenich
Köln
Deutz
Alteburg
Rimburg
Jülich
Lahn
Aachen
Sieg
Metternich
Bonn
Fulda
Remagen
Wetter
Keldenich
Rheinbrohl
Lahn
Arnsburg
Nidda
Brohl
Bieber
Heddesdorf
Inheiden
Butzbach
Andernach
Bendorf
Echzell
Langenhain
Niederberg
Friedberg
Jünkerath
Koblenz
Arzbach
Kapersburg
Ob. Florstadt
Saalburg
Altenstadt
Mayen
Ems
Feldberg
Heldenbergen
Hunzel
Münstermaifeld
Marienfels
Heftrich
Okarben
Marköbel
Kinzig
Holzhausen
Rückingen
Boppard
Vilbel
Bergen
Zugmantel
Kesselstadt
Fränk. Saale
Kemel
Rhein
Praunheim
Heddern-
heim
Gr. Krotzenburg
Höchst
Sauer
Mosel
Nied
Wiesbaden
Hofheim
Seligenstadt
Stockstadt
Kastel
Weisenau
Bitburg
Kill
Mainz
Dieburg
Niedernberg
Main
Bingen
Groß-Gerau
Obernburg
Neumagen
Arnheiler Hof
Kreuznach
Seckmauern
Wörth
Lützelbach
Trennfurt
Detzem
Bergen
Nahe
Alzey
Vielbrunn
Trier
Miltenberg
Tauber
Eulbach
Birkenfeld
Würzberg
Worms
Schwarzerden
Hesselbach
Walldürn
Saar
Schlossau
Weiskirchen
Ober-Scheidenthal
Enkenbach
Neckar
Bad Dürkheim
Ladenburg
Osterburken
Daubornerhof
Rheingonheim
Heidelberg
Drachenfels
Landstuhl
Neckarburk
Jagsthausen
Kocher
Speyer
Schwarzenacker
Sinsheim
Wimpfen
Öhringen
Saarbrücken
Germersheim
Jagst
Rhein
Böckingen
Rheinzabern
Mainhardt
Metz
Karlsruhe
Sablon
Altenstadt
Walheim
Murrhardt
Halheim
Bietigh.
Ettlingen
Mühlacker
Benningen
Welzheim
Selz
Pforzheim
Unter-Böbling
Dieulouard
Stuttgart
Cannstatt
Lorch
Schierenhof
Baden-Baden
Saarburg
Heidenheim
Zabern
Murg
Enz
Brumath
Köngen
Laneuville
Rhein-Marne-Kanal
Dreiheiligen
Königshofen
Urspring
Straßburg
Donnstetten
La Meurthe
Neckar
Offenburg
Rottenburg
Kinzig
Saxon
Sulz
Ittenweiler
Geislingen
Burladingen
Rißtissen
St. Dié
Waldmössingen
Emerkingen
Lautlingen
Iller
Rottweil

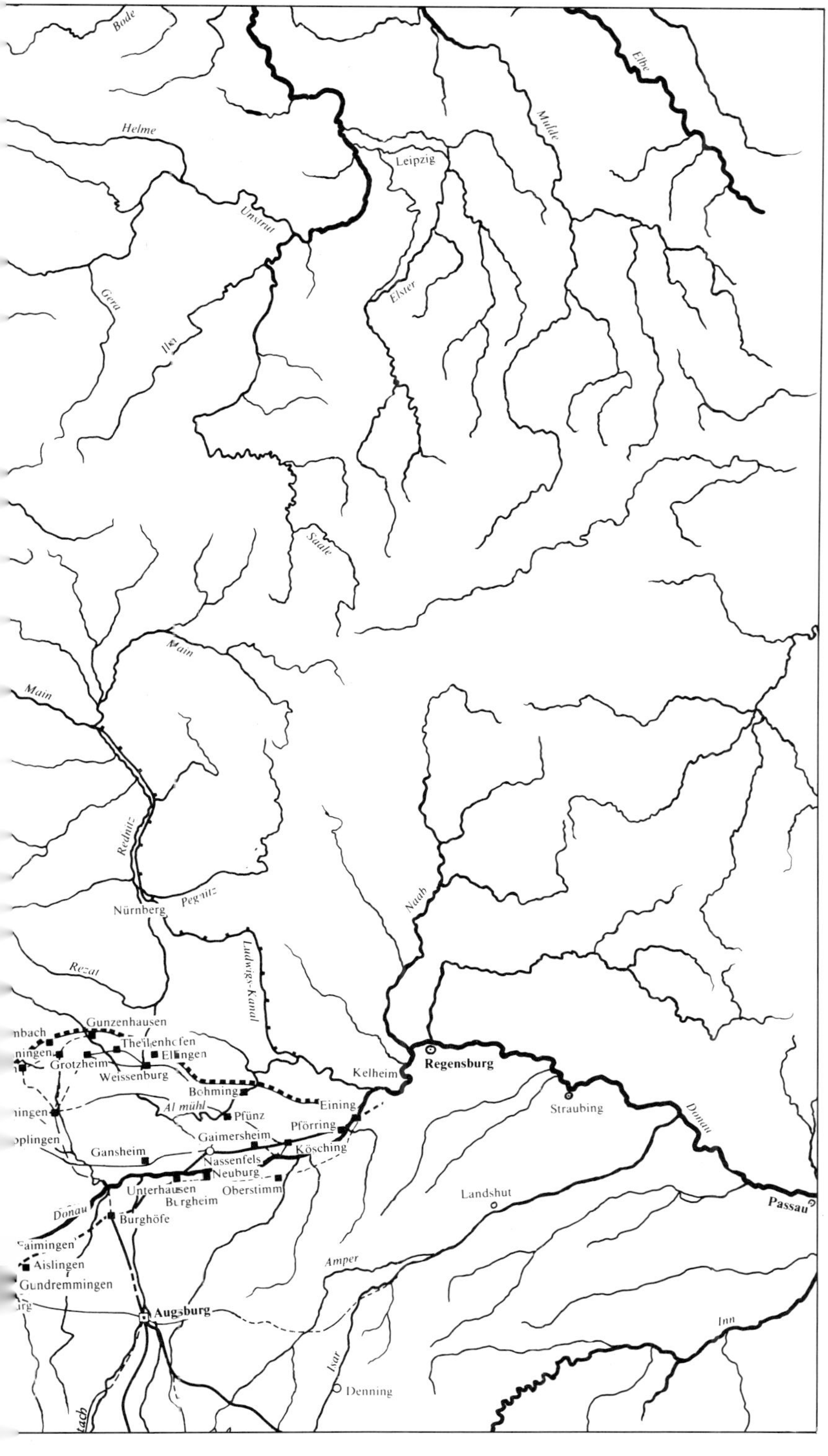
Bode
Helme
Elbe
Mulde
Leipzig
Unstrut
Gera
Ilm
Elster
Saale
Main
Main
Rednitz
Nürnberg
Pegnitz
Rezat
Ludwigs-Kanal
Naab
Gunzenhausen
Theilenhofen
Ellingen
Grotzheim
Weissenburg
Böhming
Altmühl
Pfünz
Eining
Kelheim
Regensburg
Straubing
Donau
Pförring
Gaimersheim
Nassenfels
Kösching
Gansheim
Neuburg
Unterhausen
Burgheim
Oberstimm
Donau
Burghöfe
Aislingen
Gundremmingen
Landshut
Passau
Amper
Augsburg
Inn
Isar
Denning

Eine jahrhundertelange Friedenszeit geht zu Ende

Seit dem frühen 3. Jahrhundert lebten die Menschen am Rhein und an der Donau im Schatten einer ständig wachsenden Bedrohung, nachdem sich im Innern Germaniens Kräfte gebildet hatten, die in Stammesverbänden – Alamannen und Franken – zum Anriff auf das römische Reich rüsteten.

Im Jahre 213 erschienen zum ersten Mal alamannische Reiterscharen am rätischen Limes. Der damals herrschende Kaiser Caracall reagierte auf diese Schreckensnachricht mit einem Präventivschlag. Noch im gleichen Jahre zog er mit einer großen Streitmacht, bestehend aus Einheiten des obergermanischen und rätischen Heeres und Abteilungen fast aller in Europa stationierten Legionen unter Einschluß der Legio II Traiana aus Ägypten und Teilen der Legio II adiutrix aus Pannonien den Germanen entgegen und schlug sie am Main. Er ließ sich als »größter Sieger über die Germanen« feiern und wähnte, dem Reich den Frieden gesichert zu haben.

Der Erfolg war aber nur kurzlebig. Zu mächtig waren die in Bewegung geratenen Völkermassen. 259 durchstießen Alamannen an vielen Stellen den obergermanisch-rätischen Limes und Franken die Verteidigungslinie am Niederrhein. Der römische Grenzschutz brach zusammen. Das gesamte Limesgebiet zwischen Rhein und Donau wurde von Germanenheeren überflutet und ging verloren. Raub und Plünderung überall. Die Bewohner flohen, vergruben ihre Habe, Bargeld, Silber, Bronzegegenstände, Geschirr, Gebrauchsgeräte, sogar militärische Ausrüstungen.

Römische Goldmünzen aus den Jahren 64-164 n. Chr. (Schatzfund; Römisches Museum Augsburg).

Aber noch waren die Energien des Weltreichs nicht erschöpft, noch der Wille zum Widerstand nicht gebrochen. Unter Kaiser Probus (276-282) wurde eine neue Verteidigungslinie an der oberen Donau, an Iller und Rhein aufgebaut, das Heer reorganisiert. Unter Diokletian (284) traten zu den an den Grenzen stationierten Truppen (limitanei) bewegliche Einsatzverbände (comitatenses). Entlang der Rheingrenze entstand ein in die Tiefe gestaffeltes System von steinernen Festungen von bisher unbekannten Ausmaßen: Deutz, Andernach, Koblenz, Boppard, Alzey, Neumagen, Saarbrücken. Sie hatten in Anlage und Wehrhaftigkeit nichts mehr mit den »befestigten Kasernen« der Limeslager gemein. Die Mauern waren bis zu drei Meter dick, mit Türmen bewehrt und mit Geschützen bestückt, die den Angreifer mit Geschossen überschütten konnten. Die Bevölkerung griff zum Selbstschutz. Landhäuser wurden zu kleinen Festungen umgebaut.

Die gewaltige Bautätigkeit erforderte eine intakte Bauindustrie und sichere Transportwege. Steinmaterial mußte beschafft werden. Man scheute sich nicht, die Grabmäler der Friedhöfe zum Festungsbau zu verwenden. Den nötigen Kalk lieferten Batterien von Kalköfen.

Im Schutz der neu erstarkten Grenzverteidigung erlebte die römische Zivilisation noch einmal ei-

Römische Gefäße, gefunden in Niederbieber (Kreismuseum Neuwied).

Modell einer römischen Baustelle, Bau einer Stadtmauer (Rhein. Landesmuseum Bonn).

Modell einer römischen Baustelle, Bau eines Stadttores (Rhein. Landesmuseum Bonn).

ne Hochblüte. Mittelpunkt war die Augusta Treverorum, die Kaiserstadt der Treverer (Trier). Sie wurde Residenz der Unterkaiser (Caesaren) des Westens und schließlich der Kaiser des römischen Westreiches. Ihr Herrschaftsbereich erstreckte sich auf fast das gesamte Gebiet, das man heute als Westeuropa bezeichnet: von Britannien bis zur Straße von Gibraltar.

Herrliche Bauten künden dort noch heute vom wiedererstandenen Glanz und der Macht des Weltreiches: die Aula Palatina, Zentralbau des Kaiserpalastes, die Kaiserthermen und der Quadratbau Gratians in der Mitte des Domes. (Die Porta Nigra gehört einer früheren Epoche an.) Hand in Hand mit der Errichtung repräsentativer Bauten entwickelte sich ein hochqualifiziertes Kunstgewerbe. Marmorplastiken, Steindenkmäler, Wandmalereien, Bodenmosaike, Werke der Töpferei und Glaskunst aus dieser Zeit gehören zu den schönsten Schöpfungen antiker Kunst auf deutschem Boden.

Als aber zu Beginn des 5. Jahrhunderts zur Verteidigung des italischen Kernlandes die Legionen von Rhein und Donau abgezogen wurden, ließ sich gegenüber dem unvermindert anhaltenden Druck der germanischen Völkerstämme das römische Staatsgefüge nicht mehr behaupten. Mit dem nunmehr unaufhaltsamen Eindringen der »Barbaren« erlosch auch die Fackel der römischen Zivilisation, die für ein halbes Jahrtausend lang den Bewohnern dieser Gebiete Licht und Wärme gespendet hatte.

Die Kaiserthermen von Trier

Das Siedlungsbild der »Germania Romana«

Versucht man einmal, sich ihre Wirklichkeit zu vergegenwärtigen, so dürfte uns Heutigen die Einheitlichkeit des Siedlungsbildes auf dem flachen Land auffallen.
Es wurde beherrscht von Einzelgehöften (villae rusticae) zwar unterschiedlicher Größe, aber doch von einheitlichem Typ. Diese siedelten sich vorzugsweise an Talhängen an und bestanden aus einem quadratischen oder rechteckigen Mitteltrakt, dem eigentlichen Wohnbau, den auf der Vorderseite ein Säulengang (porticus) mit seitlich vorspringenden Eckrisaliten verband. Bei herrschaftlichen Gutshäusern konnte der Mittelbau 40 oder mehr Räume umfassen und zwei bis drei Stockwerke hoch sein; einzelne Räume waren heizbar und mit Fußbodenmosaiken ausgestattet.

Selbstverständliches Zubehör, oft auch der kleinen Gehöfte, war ein Privatbad, das entweder im Haus selbst untergebracht oder gesondert gelegen und mit dem Haupthaus durch einen Gang verbunden war.
Zum Gutsbetrieb gehörten Nutzbauten (Gesindehäuser, Getreidespeicher, Scheunen, Ställe, Schuppen und Werkstätten). Der Wirtschaftshof war in der Regel von einer Mauer umgeben. Das Wasser bezog man aus Brunnen oder führte es mit Wasserleitungen (Holz-, Ton- oder Bleirohren) aus nahen Quellen heran. Sicherlich hatten die meisten landwirtschaftlichen Betriebe Zugang zu festen Verbindungsstraßen mit größeren Siedlungen, in denen man seine Produkte absetzte. Die zwischen Feldern, Wiesen und Wäldern verstreut liegenden weißgetünchten, mit roten Ziegeln bedeckten, säulengeschmückten Gutshäuser müssen der Landschaft ein reizvolles Gepräge gegeben haben.
Dazu kamen Siedlungen dörflichen Charakters (vici) im Zusammenhang mit Militärlagern (Lagerdörfer). Hier wohnten neben Familien der Soldaten Handwerker, Händler und Gastwirte. Marktflecken (auch vici genannt) als Mittelpunktsied-

Modell einer villa rustica

lungen für das umliegende Gebiet (etwa der heutigen »Kreisstadt« vergleichbar) und Niederlassungen von Gewerbetreibenden aller Art (Schmiede, Stellmacher, Fuhrunternehmer, Töpfer, Küfer, Tuchwalker, Händler, Kaufleute, Gastwirte, Schreiber und Ärzte) waren nach Art italischer Städte angelegt, mit einem rechtwinkligen Straßennetz und verschiedenen Haustypen, entweder Reihenhäusern oder größeren Häusern mit breiter Straßenfront und einem Binnenhof. Die Straßen hatten vielfach Bürgersteige und waren von Säulengängen begleitet. Mit Holzbohlen gedeckte Kanäle sorgten für die Beseitigung

Ausschnitt eines Mosaikfußbodens (Rhein. Landesmuseum Trier).

der Abwässer. Je nach politischer und wirtschaftlicher Bedeutung gab es öffentliche Anlagen: ein Forum, Tempel, öffentliche Bäder. Der »vicus Beda« (Bitburg) besaß sogar ein Theater.
Der Glanz mediterraner Stadtkultur entfaltete sich aber vornehmlich in den Provinzhauptstädten, Zentren politischen, wirtschaftlichen, kulturellen und religiösen Lebens und Sitz des militärischen Generalkommandos der Provinz: Köln (Colonia: Claudia Ara Agrippinensium) für die Provinz Niedergermanien (Germania Inferior): Mainz

Silberstatuette des Merkur aus Bonn; Anfang 1. Jh. n. Chr. (Rhein. Landesmuseum Bonn).

(Mogontiacum) für die Provinz Obergermanien (Germania Superior) und Augsburg (Augusta Vindelicorum) für die Provinz Rätien (Raetia). Dazu Trier (Augusta Treverorum), die Kaiserstadt an der Mosel.

Diese Metropolen mit mehreren zehntausend Einwohnern boten ihren Bürgern alle Vorteile und Annehmlichkeiten hoher Wohnkultur und großstädtischen Lebens, wie es in den Städten des Mittelmeerraumes herrschte: ausreichende Versorgung mit frischem Quellwasser; Abwässerbeseitigung durch unterirdische Kanäle; gepflasterte Straßen; öffentliche Latrinen; mit kostbaren Skulpturen und bunten Marmorplatten prächtig ausgestattete Badepaläste; und für das Vergnügen Spiele und Kämpfe im Zirkus. Die Bodenbeläge in den steinernen Wohnbauten variierten von einfachen Kalkstrichen bis zu Mosaiken und Marmorplatten; verglaste Fenster schützten vor Kälte.

Die Amtsgebäude der Gouverneure und hohen Militärs waren Prachtbauten, die Foren säulenumstandene Plätze mit Tempeln von weißschimmerndem Marmor. Hohe, turmbewehrte Mauern umgaben die Stadt, und wer sie betrat, erhielt schon beim Eintritt durch imposante Torbauten, wie die palastartige Porta Nigra in Trier, oder das zweitürmige Nordtor von Köln, einen Eindruck von der architektonischen Großartigkeit der Stadt.

Selbst Zeitgenossen, durch ihre Vertrautheit mit den Wundern der Reichsmetropole Rom sicherlich an Pracht gewöhnt, waren beeindruckt von dem, was in den Provinzhauptstädten nördlich der Alpen entstanden war.

Tacitus nennt in seiner »Germania« Augsburg die »glanzvollste Hauptstadt der Provinz Rätien (»splendidissima Raetiae provinciae colonia«). Der Geograph Pomponius Mela rühmt Trier schon in der Frühzeit als die »prächtigste Stadt Galliens« (»urbs opulentissima Galliae«), das nach der Zerstörung 275 wiederaufgebaute Trier wurde zum »Rom des Nordens« und nach den Worten des Historikers Ammianus Marcellinus (330-400) »die hochberühmte Kaiserresidenz« (»domicilium principum clarum«). Dem Kirchenvater Hieronymus erschien das Anfang des 5. Jahrhunderts von den Alamannen zerstörte Mainz in seiner Erinnerung als die »einst so schöne Stadt« (»Mogontiacum nobilis quondam civitas«). Und ein anderer Augenzeuge, der Bischof Arbeo von Freising, beschrieb noch im 8. Jahrhundert Regensburg als die »uneinnehmbare Stadt mit ihren mächtigen Quadern und hochragenden Türmen (»urbs inexpugnabilis, quadris aedificata lapidibus, turrium exaltata magnitudine«).

Die Porta Nigra, ehemaliges Nordtor, 313-316 unter Konstantin dem Großen erbaut.

Römisches Leben in den Provinzen

Spätrömisches Buntglas mit Inschrift, gefunden in Mainz-Hechtsheim, 3.-4. Jh. n. Chr. (Mittelrheinisches Landesmuseum Mainz).

Dies war der äußere Rahmen, in dem sich in den Jahrhunderten der Römerherrschaft die Zivilisation des Mittelmeerraumes in ihrer ganzen Fülle und Breite nördlich der Alpen entwickeln konnte.
Sie wurde getragen von einer gemeinsamen Sprache, einer gut funktionierenden Staats- und Kommunalverwaltung und einer Rechtspflege, die Rechtssicherheit bot, einem auf feste Ordnung in Maßen und Gewichten und eine einheitliche Währung gestützten Wirtschaftssystem, das den Austausch jeder Art von Gütern zwischen den einzelnen Teilen des Reiches ermöglichte, und einem leistungsfähigen Straßennetz als Grundlage dieses Warenaustausches, so daß etwa die Bewohner von Augsburg die für die römische Küche unentbehrliche Gewürzsoße (»liquamen«) spanischer Herkunft nicht zu entbehren brauchten (wie die Aufschrift auf einer Vorratsamphore im Augsburger Römermuseum beweist). Austern, schon im Altertum als Delikatesse geschätzt, wurden sogar dem am Limes stationierten Militär von der Atlantikküste geliefert.
Massengüter wurden mit Frachtkähnen auf dem Wasserweg befördert.
Natürlich dienten die Straßen auch dem Personenverkehr. Man fuhr in Pferdewagen jeder Art – vom einfachen zweirädrigen Einspänner (»Dogcart«) bis zum vierrädrigen, planegedeckten und mit Lederriemen gefederten Reisewagen. Für die Sicherheit auf den Straßen waren besonders dafür eingesetzte Polizeiposten verantwortlich.
Im persönlichen Bereich gab es al-

Modell eines römischen Reisewagens (Römisch-Germanisches Museum Köln).

les, was einer kultivierten Lebensführung dienlich war: silbernes Geschirr, kostbare Gläser, jede Art von Keramik für den täglichen Gebrauch. Daß von dieser Ware stets genügend vorhanden war, dafür sorgten fabrikmäßig betriebene Großtöpfereien.
Für die medizinische Betreuung gab es in Ägypten ausgebildete Ärzte: Chirurgen, die sogar Schädeloperationen ausführen konnten, und Augenärzte, die Augenleiden mit selbst hergestellten Salben heilten.
Man kannte die heilende Wirkung warmer Quellen. Groß ist die Zahl der Badeorte, in denen man gleichzeitig auch römischen und einheimischen Heilgottheiten Reverenz erwies.

Die persönliche Hygiene spielte im Alltagsleben eine große Rolle. Den Toilettentisch der Dame zierten »Balsamarien« aus Glas, Ton und Bronze für Öl, Salben, Parfüms und Schminke (ein Rest von »rouge« wurde in einem Grab bei Xanten gefunden). Dem Wunsch der Frau nach vorteilhaftem Aussehen und sorgfältiger Frisur dienten Kämme, Spiegel und jede Art von Haarnadeln aus Gold, Bronze, Bein und Gagat. Auch der Mann legte Wert auf Körperpflege und sorgfältige Haartracht. Man rasierte sich, auch beim Militär, wie in Lagern gefundene Rasiermesser beweisen (mit Ausnahme der Zeit, als der von Kaiser Hadrian eingeführte "Philosophenbart" Mode war).
Lesen und Schreiben war für Be-

Frührömische Henkelkanne und spätrömische Kettenhenkelkanne, 1. Jh. n. Chr. und 3.-4. Jh. n. Chr. (Mittelrheinisches Landesmuseum Mainz).

Relief (Römisches Museum Augsburg).

amte, Kaufleute, Gutsherren unentbehrlich. Man schrieb in Kursiv- oder Blockschrift mit Metallgriffeln auf Wachstäfelchen oder auch mit Tinte und Feder auf Papyros (ein bei St. Severin in Köln in einem Grab gefundenes Tintenfaß enthielt beim Auffinden noch flüssige Tinte, die ein bronzebeschlagener Korkverschluß vor dem Verdunsten bewahrt hatte). Für Diktate gab es eine Kurzschrift. Der Gebildete besaß eine Bibliothek von Buchrollen.

Die Zweckformen der Handwerkszeuge, wie sie schon vor zweitausend Jahren in Gebrauch waren, haben sich bis heute kaum verändert. Das gleiche gilt für viele landwirtschaftliche Geräte. Eine in Gallien gebräuchliche Mähmaschine ist auf Steindenkmälern überliefert.

Im Totenkult zeigten sich soziale Unterschiede. Wer es sich leisten konnte, baute für sich und seine Angehörigen, oft schon zu Lebzeiten, damit man sich »daran erfreuen konnte«, aufwendige steinerne Grabdenkmäler in der Form von Pfeilergräbern oder Gräbertempeln, mit reichen Grabbeigaben. Die Ärmeren begnügten sich mit beschrifteten Grabsteinen. Sie boten den Hinterbliebenen die Möglichkeit, ihren Empfindungen Ausdruck zu verleihen. So sind diese zweitausend Jahre alten Grabsteine häufig Zeugnisse »echter Gemütsbewegungen, die uns den Schmerz über den Verlust eines nahen Verwandten spüren lassen und uns zeigen, daß die Menschen des Altertums in vielem nicht anders dachten und fühlten als wir heute«.

Gelageszene auf einem Terra-sigillata-Kelch des Perennius (Rhein. Landesmuseum Bonn).

Roms Hinterlassenschaft

Wenn auch der römischen Zivilisation auf deutschem Boden mit der Zerstörung der sie tragenden Staats- und Wirtschaftsordnung der Lebensfaden abgeschnitten wurde, haben sich ihre Spuren doch vielfach erhalten. So gehören zum römischen Erbe in Deutschland Lage und Namen vieler deutscher Städte. Wir nannten schon Köln, Mainz, Augsburg und Trier. Weitere Beispiele sind Neuss (Novaesium); Bonn (castrum Bonna); Andernach (Antunnacum); Koblenz (Confluentes); Boppard (Baudobriga); Bingen (Bingium); Breisach (Mons Brisiacus); Altrip (Alta Ripa); Alzey (vicus Altiaium); Dormagen (Dornomagus); Remagen (Rigomagus); Neumagen (Noviomagus); Jülich (vicus Iuliacum);

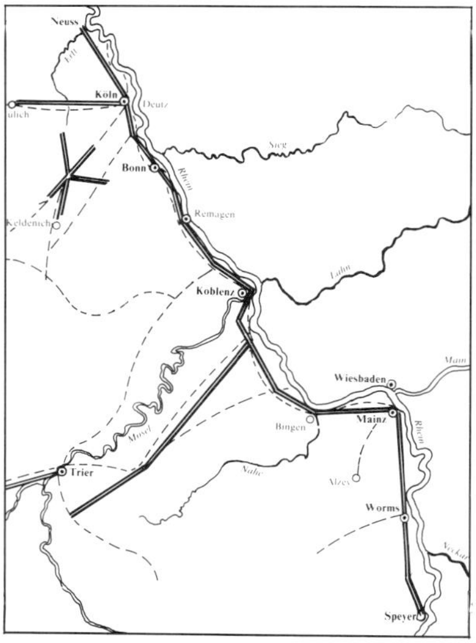

Alte (gestrichelte Linien) und neue (durchgehende Linien) römische Straßen von Neuss bis Speyer

Konz (Contionacum); Kellmünz (Caelius Mons); Ladenburg (Lopodunum); Kempten (Cambodunum); Regensburg (wörtliche Übersetzung von Castra Regina); Zülpich (Tolbiacum) u.a.

Auch die Namen mancher deutscher Flüsse stammen aus dem römischen Altertum wie Rhein (Rhenus); Mosel (Mosella); Lahn (Lagona); Main (Moenus); Neckar (Nicer); Donau (Danuvius).

Moderne Straßen liegen vielfach auf römischen Straßenzügen. So folgt die B 9 auf der linken Rheinseite zum großen Teil der alten Legionsstraße von Mainz nach Xanten. Die Maximilianstraße in Augsburg liegt im Zug der Via Claudia Augusta, der ältesten Verbindung zwischen Adria und Donau. In Bitburg verläuft die Hauptstraße wie auch weite Strecken der B 51 auf der Linie der römischen Militärstraße von Trier nach Köln. Die B 327 – die »Hunsrückhöhenstraße« – ist streckenweise identisch mit der Römerstraße vom Rhein zur Mosel. Die B 49 von Trier nach Luxemburg folgt der Römerstraße Reims-Trier. Die B 55 ist die ehemalige Römerstraße von Köln nach Jülich. Die Gabelung der B 265 und B 477 vor den Toren von Zülpich ist ein Erbe der römischen Vergangenheit. Hier trennten sich in römischer Zeit die Handelsstraßen Köln-Reims und Köln-Trier, deren Verlauf in den beiden genannten Bundesstraßen vielfach bis heute erhalten geblieben ist.

Daß wir den Römern den Weinbau auf deutschem Boden verdanken und daß durch sie viele Obst- und Gemüsepflanzen (Birne, Pflaume, Kirsche, Kappes, Petersilie, Fenchel, Spargel) sowie Würz- und Heilkräuter (Salbei, Rosmarin, Lorbeer) in Deutschland heimisch wurden, sei am Rande vermerkt.

Heute noch sichtbare Zeugnisse der römischen Hinterlassenschaft in

Deutschland sind ganz oder teilweise erhaltene Bauwerke. Wir nannten schon die Porta Nigra, die Aula Palatina, die Kaiserthermen in Trier; bekannt sind auch die gewaltigen Mauerreste des römischen Statthalterpalastes unter dem Rathaus, die Porta Praetoria der Legionsfestung von Regensburg, Grabtürme wie die Igeler Säule, das Poblicius-Grabmal im Römisch-Germanischen Museum in Köln, das Pfeilergrabmal im Römischen Museum Augsburg, der römische Grabbau von Bierbach im Historischen Museum der Pfalz in Speyer sowie Rekonstruktionen römischer Bauten auf antiken Grundmauern wie etwa die Saalburg, die Bauten im Archäologischen Park in Xanten und zahlreiche Wachttürme am Limes oder »das bedeutendste antike Denkmal auf deutschem Boden«, die in den Wäldern erhalten gebliebenen Reste des obergermanisch-rätischen Limes.

Was vor allem die individuelle Entdeckung herausfordert, sind die in unendlicher Fülle und Mannigfaltigkeit in großen, mittleren und kleineren Museen ausgebreiteten Funde, die das gesamte Spektrum der römischen Zivilisation auf deutschem Boden umfassen. Manche der regionalen Heimatmuseen mit römischen Altertümern sind dem großen Publikum unbekannt. Sie alle sind sehenswert. Wer würde schon in einer so abseits vom großen Strom gelegenen Sammlung wie dem Museum auf der Willibaldsburg in Eichstätt das Teilstück einer echten »groma«, dem Visiergerät des römischen Feldmessers, vermuten, mit dem er Lage und Richtung der Hauptstraßen eines Kastells bestimmte? Kein anderes Museum besitzt diese Seltenheit.

Erkundungsfahrt durch das römische Deutschland

Der ganze Reichtum des noch heute sichtbaren römischen Erbes in Deutschland erschließt sich am eindrucksvollsten dem Reisenden durch das römische Deutschland (Das geistige Erbe Roms steht auf einem anderen Blatt und kann uns hier nicht beschäftigen).

Die nachfolgenden Bemerkungen sollen zu einer solchen Reise anregen und Wegweiser dafür sein. Die Reiseroute folgt im wesentlichen dem Plan einer römischen Reise durch Deutschland von Rudolf Pörtner in seinem Buch »Mit dem Fahrstuhl in die Römerzeit«. Eine ins einzelne gehende Beschreibung der mehr als sechzig im Verlauf der Reise besuchten Museen (mit wenigen Ausnahmen) und Anmerkungen zur Geschichte der aufgesuchten Römerstätten – dazu noch anderer, die abseits der Reiseroute liegen und daher hier nicht genannt sind – finden sich in dem Buch des Verfassers »Die Römer in Deutschland. Ausgrabungen, Fundstätten, Museen«.

Beide Bücher dienen als weiterführende Literatur.

Römerstätten am Rhein von Xanten bis Mainz

Die Reise beginnt in *Xanten* – mit einem Paukenschlag. Ende der 50er Jahre war das im Westen der Stadt seit Jahrhunderten unbebaut gebliebene Gelände für Industriezwecke freigegeben worden. Dort aber lagen nur wenige Meter unter der Ackerkrume die Ruinen der untergegangenen Colonia Ulpia Traiana, einer um 100 n. Chr. von Kaiser Trajan für Veteranen der XXX. Legion vom nahen Vetera Castra (Birten) gegründeten, etwa 10 000 Einwohner umfassenden Zivilsiedlung. Rudolf Pörtner hielt damals den Xantener Stadtvätern vor, sie hätten mit ihrem Beschluß eine in Deutschland absolut einmalige Chance vergeben, auf den Resten einer ganzen römischen Stadt ein »Pompeji am Niederrhein« und damit ein steinernes Kulturdenkmal ersten Ranges zu errichten. In der Tat verschwand damals beispielsweise eine bei Ausschachtungsarbeiten freigelegte, in Ausmaß und Erhaltungszustand einmalige römische Thermenanlage unter einer Betonfabrik. (Nach jüngsten Berichten steht hier eine überraschende "Wiedergutmachung" bevor. Das Fabrikgelände

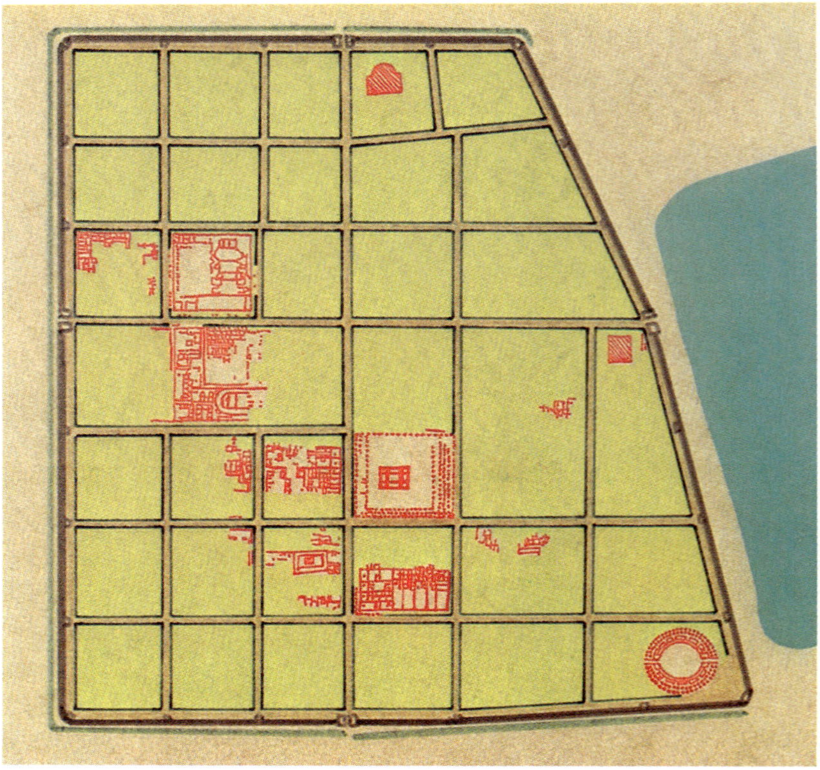

Plan der Colonia Ulpia Traiana

Rekonstruierte Stadtmauer im Archäologischen Park Xanten

wird beseitigt. Der Abbruch hat bereits begonnen; die Arbeiten sollen 1985 beendet sein. Dann übernehmen die Archäologen das Feld. Die Thermenanlage soll vollständig freigelegt und als zusätzliche Attraktion dem Archäologischen Park [s. u.] eingegliedert werden.) Als vor wenigen Jahren auch der Ostteil der unbebauten Fläche der Colonia in die städtische Bauplanung einbezogen wurde, erfüllte sich Rudolf Pörtners Hoffnung, man werde sich in Xanten eines Tages doch eines Besseren besinnen. Statt, wie ursprünglich geplant, das Gelände in eine moderne Freizeitlandschaft mit künstlichen Seen, Bootshäusern und Ausflugsrestaurants umzuwandeln, wurden dort in den letzten Jahren auf freigelegten antiken Grundmauern Teile der alten Römerstadt wiedererrichtet. So entstanden im Südosten die zinnenbewehrte Stadtmauer mit Toren, Wehrtürmen und einem Eckturm, die Straßenseite eines Hauses mit überdecktem Gehsteig, Teile einer Wasserleitung, ein Straßenbrunnen in der Form eines Kastens aus Eichenholz. Eindrucksvolle, ja spektakuläre Rekonstruktionen aus neuester Zeit sind der sogenannte Hafentempel mit Podium, einem Teil der cella und Säulen an der Süd- und Westseite (an der Südseite in voller Höhe bis zu 12 m); der vollständig wiederaufgebaute doppelgeschossige Gebäudekomplex des “Hauses am Kleinen Hafentor“, Herberge genannt (1985 soll die Inneneinrichtung folgen) und das Burginatium Tor, das nördliche Stadttor der CUT, von dem bisher

Reste des Amphitheaters mit historischem Baukran im Archäologischen Park Xanten.

Birten
Etwa 3 km vor Xanten Abfahrt nach links von der B 57. Von der Kirche am Caelius-Grabstein vorbei zur Römerstraße und nach 80 Metern zum Amphitheater.

das Untergeschoß mit den beiden Türöffnungen und flankierenden Türmen fertiggestellt sind. Es ist beabsichtigt, das gesamte Tor wieder aufzubauen. Dazu gesellen sich Nachbildungen römischer Steindenkmäler, die auf die Geschichte der Colonia Bezug haben und eine Jupitergigantensäule. Einbezogen in die als »Archäologischer Park« bezeichneten Anlage ist das Amphitheater. Es wurde schon 1935 ausgegraben und ist so weit wiederhergestellt, daß dort Aufführungen stattfinden können. Vor dem Theater steht ein rekonstruierter römischer Baukran. Wer sich fragt, wie die Römer ihre Großbauten errichteten, findet hier die Antwort.

Ein kleineres römisches Amphitheater, ebenfalls als Freilichtbühne wiederhergerichtet, befindet sich im Stadtteil *Birten* auf dem Gelände des ehemaligen Zweilegionenlagers Vetera Castra.

Im Gegensatz zum städtischen Theater, das etwa 8 000 bis 10 000 Zuschauern Platz bot, diente das Legionstheater wohl ausschließlich der Unterhaltung der Soldaten.

Die Einrichtung des »Archäologischen Parks« hat nicht nur Rudolf

Silvanusaltar aus Birten. Weihestein des Bärenfängers Cessorinius Ammausius an Silvanus, aus Birten (Rhein. Landesmuseum Bonn).

Pörtners Vision von einem »Pompeji am Niederrhein« wenigstens teilweise verwirklicht. Sie hat auch seiner Voraussage recht gegeben, daß ein solches Unternehmen eine

Modell der Principia des Lagers Vetera I (Rhein. Landesmuseum Bonn, Archäologischer Park Xanten).

öffentliche Attraktion darstelle, die dem Stadtsäckel ebenso zuträglich sein würde wie ein halbes Dutzend Fabriken. Dafür spricht jedenfalls der unvermindert anhaltende Besucherstrom zu dieser einzigartigen Sehenwürdigkeit.
Im *Regionalmuseum,* Kurfürstenstr. 7-9, sind eine Reihe höchst instruktiver Modelle römischer Bauten ausgestellt, insbesondere des »Handwerkerviertels« der Colonia, dessen Fundamente im Westen der Stadt noch vor der Bebauung freigelegt werden konnten. Zu sehen sind ferner Steindenkmäler, Teile von militärischen Ausrüstungen und Gegenstände des täglichen Gebrauchs. Bemerkenswert eine Sammlung römischer Gemmen, die im Gebiet des Legionslagers gefunden wurden.

Krefeld-Gellep

Museumszentrum Burg Linn im Stadtteil Linn, Albert-Steeger-Straße (von der Innenstadt über Glockenspitz und Rheinbaben-Straße zu erreichen).

Auf der B 57 und der Autobahn über *Moers-Asberg,* dem römischen Asciburgium, von Tacitus in seiner »Germania« (III) erwähnt, und Standort verschiedener römischer Reiterregimenter (Funde aus dem Römerlager in den *Städtischen Sammlungen von Rheinhausen* und dem *Grafschaftsmuseum von Moers)* zum Stadtteil *Gellep* an der Ostgrenze von *Krefeld.*
Der römische Name Gelduba, von dem sich Gellep herleitet, als Bezeichnung eines Lagers ist im 4. Buch von Tacitus »Historien« und in der »Naturkunde« von Plinius d. Ä. überliefert.
Römische Funde befinden sich im *Museumszentrum Burg Linn,* insbesondere die seltene »Schwarzfirnisware«, Keramik mit schwarzem Glanzüberzug aus dem 4. nachchristlichen Jahrhundert, von dem 1934/35 entdeckten »größten zusammenhängenden, modern ausgegrabenen Gräberfeld der Völkerwanderungszeit, das wir aus ganz Europa kennen«. Ferner eine hervorragende Sammlung römischer Gläser und das »einmalige Dokument römischen Alltaglebens«, ein »Unikum aus der Römerzeit des Niederrheins«, das von Dr. Renate Pirling 1966 entdeckte »Weingedicht« auf der Wandung eines Tonbechers. In dem Gedicht fordert das Tongefäß den Zecher – er wird mit »mein Liebchen« angeredet – auf, den Inhalt zu schlürfen; denn er werde in seinem Leben niemals etwas Besseres trinken, auch wenn dieser ungemischte Wein nur 45 Denare koste. Dazu von zweiter Hand, offenbar von einem verärgerten Kunden, der ein Haar in seinem Wein gefunden hatte: Gib mir keine Haare zu trinken. Ich bin schließlich ein Mensch (»Homo sum ne da comas potum«).

Becher mit Weingedicht. Grabfund aus Krefeld-Gellep (Museum Burg Linn).

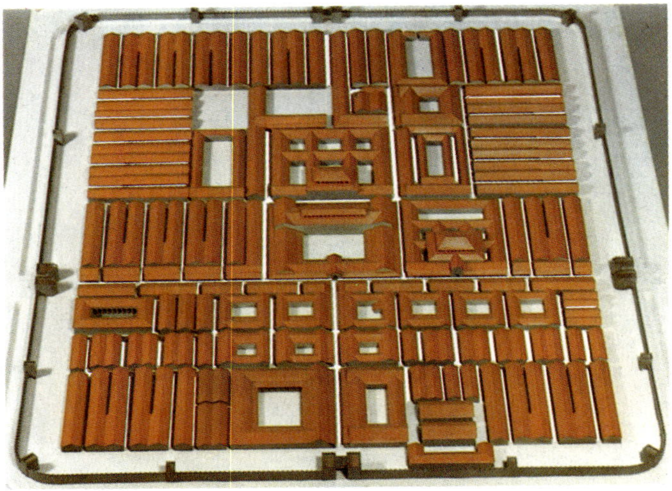

Das Lager wurde 1878 von dem Neusser Heimatforscher Constantin Koenen entdeckt und von 1880-1900 vollständig ausgegraben. Seitdem gehört das »Koenen-Lager« zu den am gründlichsten erforschten und am besten bekannten Legionslagern (ein anschauliches Modell im *Rheinischen Landesmuseum* in *Bonn*).
Oberirdisch ist von den Römerbauten nichts mehr vorhanden. Die einzige Spur, die an das Lager erinnert, ist im Westen der Stadt die B 9, die hier im Zuge der via principalis der alten Römerfestung verläuft.

Modell des Legionslagers Novaesium (Rhein. Landesmuseum Bonn).

Totenring aus Bergkristall, 2. Hälfte 2. Jh. bis Anfang 3. Jh. n. Chr. (Clemens-Sels-Museum Neuss).

Die nächste Station auf dem Weg nach Süden ist *Neuss*. Keimzelle der Stadt war das Römerlager Novaesium, das der Stadt auch ihren Namen gab. Die Ursprünge des Lagers gehen auf die augusteische Zeit zurück, als etwa 16 v. Chr. Rom sich anschickte, die Grenzen des Reiches bis zur Elbe auszudehnen. Für die Bereitstellung und Versorgung der Invasionsarmee wurde ein Lager an der Mündung der Erft in den Rhein errichtet; es blieb für mehrere Jahrzehnte militärischer Stützpunkt der Römer am Niederrhein. In den 50er Jahren des 1. nachchristlichen Jahrhunderts entstand dort eine in Stein ausgebaute Legionsfestung, zur Zeit ihrer Erbauung »das Modernste auf dem Gebiet der Festungsbaukunst«.

Im Gegensatz zu den militärischen Anlagen, die verschwunden sind, hat die zivile Lagervorstadt ein Zeugnis hinterlassen, das bei seiner Entdeckung 1956 von den Archäologen als Sensation gewertet wurde. Es handelt sich um eine Kultstätte der kleinasiatischen Naturgottheit Kybele, die in Rom als »Magna Mater« und Beschützerin der Städte verehrt wurde. Die Anlage war eindeutig als «fossa sanguinis«, als Taufkeller, zu erkennen, in dem die

»Bluttaufe« des Kybelekultes vollzogen wurde. Ein Heiligtum dieser Art war bis zu dem Neusser Fund nur vom »Campo della Magna Mater« in Ostia bei Rom bekannt.
Die Ausgrabungsstätte ist unter einem Schutzbau konserviert. Sie besteht aus einem quadratisch angelegten, 1,4 Meter tiefen Kellerraum, zu dem von beiden Seiten steile Treppen von sechs Stufen hinabführen. Hier fand die Taufe statt; der Täufling wurde dabei vom Blut eines über ihm auf einem durchlöcherten Brett geschlachteten Opfertieres überrieselt. (Der Taufkeller am Gepaplatz ist über Grünerweg-Konradstraße zu erreichen.)
Zu den seltenen Fundstücken im *Clemens-Sels-Museum* am Obertor, Ausstellungsort von Römerfunden aus Neuss und Umgebung, gehört ein Totenring aus Bergkristall, das als »festes Wasser« angesehen und den Toten als Schutz für die Wanderung durch die feurige Zone ins Jenseits mitgegeben wurde. Unter den militärischen Ausrüstungsgegenständen steht ein Infanteriehelm aus Kupferlegierung, mit silbrig-glänzendem Material überzogen, an erster Stelle.

Infanteriehelm aus Kupferlegierung (Clemens-Sels-Museum Neuss).

Der Grabstein des Feldzeichenträgers Oclatius vom Reiterregiment der Afrikaner gilt wegen der qualitätvollen Reliefarbeit als »eines der bedeutendsten Grabmäler der römischen Provinzialkunst«. Der untere Teil des Grabsteins stellt einen Stallburschen dar, wie er mit geschultertem Besen das Pferd des Verstorbenen fortführt. Die Szene ist auf der 80-Pfennig-Briefmarke abgebildet, die von der Bundespost 1984 zur Zweitausend-Jahrfeier des römischen Ursprungs der Stadt herausgegeben wurde.

Detail des Grabsteines des Feldzeichenträgers Oclatius vom Reiterregiment der Afrikaner (Clemens-Sels-Museum Neuss).

Für die Besichtigung des römischen *Köln* (Colonia Claudia Ara Agrippinensium) und römischer Sehenswürdigkeiten in der Umgebung sollte man mehrere Tage planen.
Man beginnt mit den noch sichtbaren Resten der Colonia.
»Stattlichstes Denkmal der Stadtgeschichte« und »eines der eindrucksvollsten antiken Befestigungswerke diesseits der Alpen« ist die in vielen Teilen noch erhaltene, zwischen 50 und 70 n. Chr. erbaute römische Stadtmauer. Ausgangspunkt für einen etwa drei bis vierstündigen Rundgang ist der Domvorplatz. Hier ist die östliche Fußgängerpforte des mächtigen Nordtores der Colonia an ihrem ursprünglichen Standort wiederaufgebaut worden. (Dieses Seitentor und der Torbogen über dem Mitteltor mit den Buchstaben des abgekürzten Namens der Stadt CCAA – jetzt im Römisch-Germanischen Museum – sind zusammen mit den in jüngster Zeit wiederaufgedeckten und in der Tiefgarage am Dom konservierten Grundmauern des Tores und angrenzenden Teilen der Stadtmauer die einzigen antiken Reste, die beim Abbruch der 1826 noch vorhandenen Teile des Nordtores erhalten geblieben sind. Wer seinen Wagen vor dem mächtigen Mauerwerk in der Tiefgarage aufstellt, gelangt unmittelbar «mit dem Auto in die Römerzeit«.)

Stadtplan von Köln (Ausschnitt)

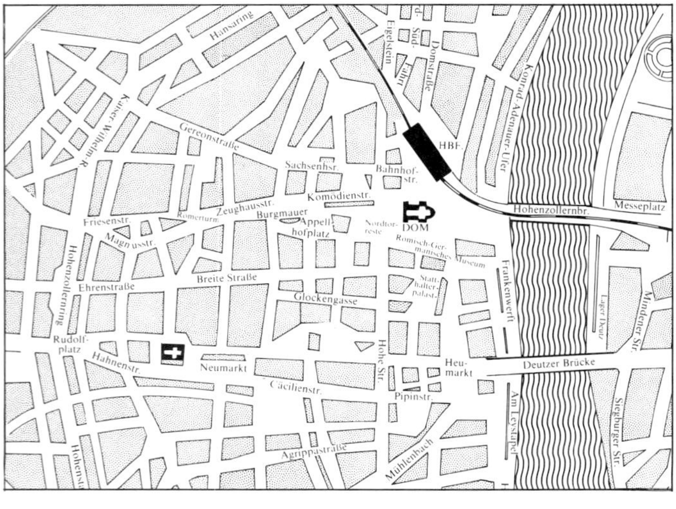

Beim weiteren Rundgang sind insbesondere zu beachten: Der »Lysolphturm« in der Komödienstraße (eine Nachbildung befindet sich im Römisch-GermanischenMuseum); der über den Fundamenten eines Tores an der Zeughausstraße 1915 zur Erinnerung an die römische Vergangenheit der Stadt errichtete »Römerbrunnen« mit zwölf Reliefköpfen römischer Kaiser und Kaiserinnen; ein gut erhaltener Abschnitt der römischen Stadtmauer im Bereich der »Burgmauerstraße«; der am höchsten und besten erhaltene, aus zahlreichen Abbildungen als »Römerturm« bekannte nordwestliche Eckturm der Stadtbefestigung; die Turmruine gegenüber dem Hotel »Interkontinental«; ein Rest des südwestlichen Eckturmes an der »Griechenpforte«; Reste von Turm und Mauer im Kaufmannshof Hanse; der als »Ubiermonument« bezeichnete Turm an der Südostecke der Stadtmauer, »das älteste bekannte Zeugnis der hochentwickelten Bautechnik im Norden Europas«; es wird vermutet, daß der Turm in der Zeit des »oppidum Ubiorum«, d. h. um 38 v. Chr., errichtet wurde; in der Tiefgarage unter dem Haus Pipinstraße 16 der Auslaß eines Abwasserkanals in der Stadtmauer.
Bei weitem die spektakulärsten Baureste des römischen Köln sind die »zyklopenhaften« Fundamente des Statthalterpalastes («praetorium«), insbesondere eines Oktogonbaues im Keller des neuen Rathauses. Hier liegen die Spuren der Römerzeit, die »mit dem Fahrstuhl« zu erreichen sind. Vom Ausstellungsraum (wo u. a. der 1630 aufgefundene »Tarquitius-Stein« zu sehen ist; er war der früheste

Der Römerturm mit seinen mosaikartigen Ziegelmustern vermittelt noch heute einen Eindruck von der Mächtigkeit der römischen Stadtmauer, die unter Kaiser Tiberius etwa 50 n. Chr. errichtet wurde.

Hinweis auf Existenz und Lage des praetorium) führt ein Gang zu einem römischen Abwasserkanal, der im Bereich der Großen Budengasse noch auf einer Länge von 140 Metern erhalten ist.
Im Verlauf einer Reise durch das römische Deutschland begegnet man vielen römischen Grabmonumenten. Einen auch menschlich starken Eindruck vermittelt die Grabkammer in *Köln-Weiden* (am Haus Aachener Straße 328), nach Professor Fritz Fremersdorf, der ihr eine eingehende Studie gewidmet hat, unstreitig eines der «bedeutendsten Denkmäler römischer Zeit im ganzen Norden; denn nördlich der Alpen gibt es nichts, das an Vortrefflichkeit der Erhaltung und Vollständigkeit der Ausstattung mit ihr verglichen werden könnte«. Die Grabkammer ist nach Art eines columbarium (Taubenschlag) gestaltet mit Nischen entlang den Wänden zur Aufnahme der Aschenurnen.
Einmalig für eine Grabkammer in den nördlichen Provinzen sind drei Marmorbüsten, die im Schutt der zusammengestürzten Kammer gefunden wurden, Bildnisse von hier beigesetzten Verstorbenen, die der Besucher nicht ohne Bewegung betrachtet: Porträtbüsten eines Mannes und einer Frau von hoher künstlerischer Qualität und eine weniger qualitätvolle Büste eines

Köln-Weiden
Vom Busbahnhof an der Nordseite des Hauptbahnhofes mit einem RVK-Bus bis Weiden-Einkaufszentrum. Von dort zu Fuß zur Aachener Straße Nr. 328 (Grabkammer).

In Stein nachgebildeter Korbsessel (Römisch-Germanisches Museum Köln).

jungen Mädchens. Die Toten sind unbekannt; keine Inschrift nennt ihre Namen, owohl auf den Büsten Raum dafür vorhanden ist. Vermutlich war die Kammer Beisetzungsstätte einer römischen, nicht einheimischen, Gutsbesitzerfamilie, die etwa 200 Jahre lang, von der Mitte des 2. Jahrhunderts bis ins 4. Jahrhundert n. Chr., dort ansässig war. Weitere Besonderheiten der Kammer sind zwei in Stein nachgebildete Korbsessel und ein spätrömischer Reliefsarkophag aus weißem Carrara-Marmor, der ursprünglich nicht zur Ausstattung der Kammer gehörte. Man nimmt an, daß er in einem Bau oberhalb der Kammer aufgestellt war und gleichzeitig mit dem Tonnengewölbe in die Kammer stürzte.

Wer, statt nach Köln zurückzukehren, auf der B 55 nach *Jülich,* dem römischen vicus Iuliacum, weiterfährt, findet dort in dem kleinen, vortrefflich eingerichteten *»Römisch-Germanischen Museum«* (Altes Rathaus) den künstlerisch bedeutungsvollen Sockel einer Jupitersäule und andere, für die römische Vergangenheit von Stadt und Umgebung aufschlußreiche Ausstellungsstücke, u. a. Keramik des 1.-4. nachchristlichen Jahrhunderts.

Das römische Köln erhielt sein Wasser über eine 70 Kilometer lange Wasserleitung aus der Eifel. Köln ist daher auch der Ausgangspunkt für eine Besichtigung der noch vorhandenen Reste dieser Leitung.

Im Stadtgebiet: In der Parkanlage am Wallraf-Richartz-Museum am Kolpingplatz Teilstück des unterirdischen Leitungskanals; vor dem Doppelhaus Berrenrather Straße 434/436 ein Pfeilerstumpf des Aquädukts; eine »Entschlammungsanlage« im Grüngürtel an der Straße nach Efferen, etwa 300 Meter südlich der Militärringstraße; in *Hürth-Hermühlheim* auf der Westseite des Sportplatzes der Realschule unter einem Schutzdach Halbbögen der auf den alten Kanal aufgesetzten Wasserleitung. (Unter dem Haus Kaulardstraße 2 in *Hürth-Efferen* ist eine 1899 entdeckte römische Grabkammer mit zwei Sarkophagen aus weißem Sandstein erhalten und zu besichtigen.)

Außerhalb Kölns: Unweit des Parkplatzes *Buschhoven* an der B 56 *ein* Teil des gemauerten Kanals; bei Kreuzweingarten oberhalb des Ortes an der Straße »Am Römerkanal« mehrere freigelegte Abschnitte der Wasserleitung; bei *Breitenbenden* an der Straße nach Holzheim der tunnelartig durch den Berg geführte Leitungskanal; bei *Vussem* drei auf den ursprünglichen Fundamenten wiederaufgebaute Pfeiler eines Aquäduktes; an der Straße

Vussem
Von Breitenbenden wenige Kilometer nach Vussem. Dort Hinweisschild „Römischer Aquädukt" (nach links zum Sportplatz und wieder nach rechts).

Vollem-Kallmuth eine Brunnenstube (»Klausbrunnen«) der römischen Wasserleitung; der »Grüne Pütz« (bei Nettersheim), eine Brunnenstube und ein Stück des Waserkanals.

Ein etwa vier Meter langes Teilstück der Eifelwasserleitung mit Kontrollschacht ist vor dem Eingang des Rheinischen Landesmuseums in Bonn aufgestellt.

Der Kalkniederschlag in den Leitungskanälen, der sog. »Kanalsinter«, wurde im Mittelalter seines marmorähnlichen Aussehens wegen als Werkstoff für Säulenbasen und -kapitelle in Kirchen, für Grab- und Altarplatten und Fenstergesimse verwendet. (Beispiele im 1. Stock des Toni-Hürten-Heimatmuseums (»Romanisches Haus«) in Bad Münstereifel und in der St. Georgs-Kirche, Georgs-Platz 1, in Köln.)

Eng mit der römischen Vergangenheit Kölns verbunden sind einige der berühmtesten Kirchen der Stadt. *St. Gereon* ist eine spätrömische Gründung, nach der Legende durch Kaiserin Helena, der Mutter Konstantins des Großen, zum Gedächtnis der Märtyrer der Thebanischen Legion, nach neueren Forschungen aber möglicherweise erst aus der Zeit des Kaisers Julian nach der Befreiung Kölns von den Franken im Jahre 356 errichtet. Römisches Mauerwerk ist im mittelalterlichen Zehneckbau, dem Zentralbau der römischen Kirche, an einigen Stellen bis zur Höhe von 16,50 Meter nachzuweisen; das Gewölbe der acht Nischen dieses Baues ist noch original römisch. In *St. Ursula* erinnert die Clematiusinschrift (an der Südwand des gotischen Chores vermauert; ein Abguß im Römisch-Germanischen Museum) an den spätrömischen Ursprung der Kirche. Und *St. Severin* erhebt sich über einem aus römischer Zeit stammenden Friedhof.

Zu den Kernstücken des Museums gehört das Grabmal des Poblicius, ein mit Originalfundstücken und modernen Ergänzungen rekonstruierter 14,60 Meter hoher Grabturm. Stifter des aufwendigen, im Altertum bunt bemalten Monuments für sich selbst, seine Tochter Paulla und noch lebende Angehörige war nach einer in Bruchstücken aufgefundenen Inschrift Lucius Poblicius, Veteran der V. Legion Alaudae (der sog. »Lerchenlegion« Caesars). Poblicius stammte aus Italien und hatte sich nach seiner Entlassung aus dem Militärdienst etwa um 40 n. Chr. im oppidum Ubiorum, noch bevor die Stadt zur colonia erhoben wurde, niedergelassen und war offensichtlich zu beträchtlichem Wohlstand gelangt. Gleichzeitig mit den Bruchstücken des Grabturmes aufgefundene,

Vollem-Kallmuth

Von Euskirchen auf der B 266 bis Wallenthal. Dort rechts abbiegen auf die Straße Scheven-Kallmuth. Etwa 700 Meter vom Ortsausgang Kallmuth erscheint rechts der Schutzbau über der römischen Brunnenstube. Von Breitenbenden erreicht man die Brunnenstube („Klausbrunnen") über Vussem, Vollem, dann rechts nach Kallmuth.

Detail des Grabmals des Poblicius (Römisch-Germanisches Museum Köln).

mehr oder weniger vollständig erhaltene Statuen sind in der aedicula, einer Art Tempelvorhalle über dem Sockel, aufgestellt. Die männliche Figur in der Toga dürfte den Stifter darstellen.

Zu Füßen des Grabmals liegt noch an der gleichen Stelle, an der es 1941 beim Bau eines Luftschutzbunkers entdeckt wurde, das weit über Köln hinaus berühmte »Dionysosmosaik«. Das aus siebenundzwanzig polychromen Medaillons bestehende Mosaik schmückte den Boden des zweistöckigen Fest- und Speisesaales eines Peristylhauses, wahrscheinlich eines Getreidehändlers, der aus geschäftlichen Gründen seinen Wohnsitz in die Nähe des Rheinhafens gelegt hatte. Mittelstück des Mosaiks ist ein Bildnis des Weingottes, der sich auf einen Satyr stützt. Ihn umgeben Bildfelder mit Motiven, die mit der Funktion des Raumes als Speisesaal zusammenhängen, aber auch auf den Dionysoskult Bezug haben. Aus der Fülle der Exponate seien hier nur hervorgehoben Erzeugnisse von Kölner Töpfereiwerkstätten, in denen sich die Vielfalt und hohe Qualität römischer Gebrauchskeramik spiegelt, sowie die weltberühmte Sammlung römischer Gläser. Typisch für Kölner Glashütten sind sog. »Schlangenfadengläser«, mit schlangenförmig gewundenen Glasfäden verzierte Gefäße verschiedenster Formen, darunter das »Meisterstück«, eine flachbauchige, mit zwei Henkeln versehene Zierflasche mit weißen, blauen, roten und goldenen Auflagen. Der 1960 bei Bauarbeiten auf dem Industriegelände in Köln-Braunsfeld entdeckte glockenförmige »Diatretbecher« hat wegen der verschiedenen Färbung des Glases – smaragdgrünes Netzwerk, goldgelber Kragen und dunkelrotes Schriftband – nirgendwo in der Welt seinesgleichen. Ein nach antiken Vorbildern und mit Originalteilen rekonstruierter römischer Reisewagen gewährt ein anschauliches Bild römischen Reisekomforts, der es erlaubte, auf einem Netz fester Straßen auch weite Strecken des weltumspannenden Römerreichs zu überwinden. (Zum Gesamtkomplex »Köln« vgl. Gerta Wolff, Das Römisch-Germanische Köln. Köln 1981.)

Ausschnitt aus dem „Dionysosmosaik" (Römisch-Germanisches Museum Köln).

Der *Stadteil Köln-Deutz* gegenüber Köln auf der rechten Rheinseite verdankt Namen und Entstehung der spätrömischen Festung Divitium, die Kaiser Konstantin der Große durch Soldaten der XXII. Legion um etwa 310 auf dem rechten Rheinufer »im Frankenland« zur Abwehr fränkischer Einfälle errichten ließ.

Die Festungsmauern waren 3,30 Meter dick und mit vierzehn vor die Mauer vorspringenden Türmen bewehrt. Einlaß gewährten zwei Torbauten in der Mitte der West- und Ostmauer. Im Inneren lagen Kasernen. Von dem gewaltigen Bollwerk sind lediglich die Fundamente der Türme des Osttores erhalten geblieben und z. T. durch

Modell des Kastells Köln-Deutz

modernes Mauerwerk im Stil spätrömischer Bauten ergänzt. Ursprünglich war die Durchfahrt von Tuffquadern eingefaßt und hatte nur die Breite eines römischen Wagens (etwa 1,80 Meter).
Dieses interessante und für die Festung charakteristische Merkmal ist in jüngster Zeit zerstört worden, um Baufahrzeuge für einen Erweiterungsbau des Lufthansa-Hochhauses zum Rhein hin auf diesem Wege durchzulassen. Mit dieser Veränderung und der Asphaltierung der Straße dürfte ein völlig falscher Eindruck von der antiken Tordurchfahrt entstanden sein. (Verfasser hat noch in den 50er Jahren die in einer Grünfläche geschützt liegende und zum großen Teil ausschließlich aus spätrömischem Mauerwerk bestehende Ruine gesehen und aufgenommen. Dort befand sich auch eine Gedenktafel mit Worten von Professor Fritz Fremersdorf, in denen er auf die »hohe kulturgeschichtliche und nationale Bedeutung« der altertümlichen Baureste aus den geschichtlichen Anfängen der Stadt hinwies.) 1979 neu ausgegraben und sichtbar gemacht wurde der Mittelturm der nördlichen Lagerbefestigung mit einem Teil der Wehrmauer (unmittelbar westlich vom Altenheim).

Das Deutzer Kastell war mit der Colonia durch eine gleichzeitig mit dem Festungsbau errichteten Brükke über den Rhein verbunden. Eichenpfähle aus den Fundamenten der Brücke sind im Römisch-Germanischen-Museum zu sehen.
Das *Römisch-Germanische Museum*, Roncalliplatz, gilt als das »modernste und schönste Antikenmuseum Europas, wenn nicht der Welt«, als ein »Juwel in der europäischen Museumslandschaft«. Eine besondere hier verwandte Neuerung der Museumstechnik ist die Aufstellung von Grabmälern, Standbildern, Porträtköpfen, Weihesteinen, nach Themengruppen geordnet, auf sogenannten »Sokkelinseln« in Großräumen ohne Zwischenwände.

Modell der Rheinbrücke von Köln-Deutz

Schlangenfadenglas (Rhein. Landesmuseum Bonn).

Rechte Seite oben: Modell eines römischen Hauses, Gartenperistyl (Rhein. Landesmuseum Bonn).

Rechte Seite unten: Modell eines römischen Speisesaals (Rhein. Landesmuseum Bonn).

Kenotaph des Marcus Caelius aus Bologna, der im Feldzug des Varus fiel (Rhein. Landesmuseum Bonn).

Bonn
Das Rheinische Landesmuseum in der Colmantstraße 14–16 erreicht man über Bonner Talweg-Baumschulenallee, von der man rechts in die Colmantstraße abbiegt.

Bonn war schon in der frühen Kaiserzeit (in den Jahren um Christi Geburt) Standort eines Auxiliarkastells und seit den dreißiger Jahren des 1. nachchristlichen Jahrhunderts Garnison einer Legion, die von etwa 70 bis zum ausgehenden 3. Jahrhundert als Standquartier ein in Stein gebautes Lager (castra Bonnensia) besaß. Ein Grundriß der Legionsfestung ist im Durchgang (»Ausstellungshalle« genannt) eines innerhalb des Lagerbereichs errichteten Wohnparkes zu sehen, sowie behauene Quadern von Lagerbauten, die beim Bau des Wohnparkes zutage traten. Die 1960 auf dem östlichen Gelände der Legionsfestung um den »Wichelshof« bei Bauarbeiten aufgedeckten vollständigen Grundmauern von Lagerbauten sind längst unter einer Wohnsiedlung verschwunden.

Ist von der Legionsfestung oberirdisch auch nichts mehr zu sehen, so hat sich doch ihr Grundriß in Straßenzügen im Norden Bonns klar erkennbar bis heute erhalten. Das Karree der Festung ist durch Augustusring-Rheindorferstraße – Rosental – Fritz-Schroeder-Ufer gekennzeichnet. Die durch die Mitte des Karrees führende Römerstraße ist die via principalis des Lagers; die Nordstraße ist die via decumana und die Badenerstraße die via praetoria. Die Lage des Südtores markiert ein in die Wand eines Hauses auf der Ostseite der Römerstraße eingelassener Grabstein eines römischen Fahnenträgers. In ähnlicher Weise ist das Nordtor an der Kreuzung von Römerstraße und Augustusring durch die Grabstele eines Legionärs der I. Legion Minervia (der »Hauslegion« Bonns) kenntlich gemacht. Am »Schänzchen« verkündet eine Tafel, daß »hier die Südostecke des Römerlagers Castra Bonnensia lag.«

Die Bedeutung Bonns für eine Reise durch das römische Deutschland liegt in der hervorragenden Sammlung römischer Fundgegenstände des *Rheinischen Landesmuseums*, Colmantstr. 14-16, insbesondere von Steindenkmälern von hoher kulturhistorischer Bedeutung. Vor allem berühmt geworden und unzählige Male abgebildet ist der Kenotaph des Marcus Caelius aus Bologna, centurio der XVIII. Legion, der im Alter von 53 ½ Jahren im Feldzug des Varus fiel (»occidit bello Variano«).

Man hat in der Inschrift den einzigen archäologisch verbürgten Hinweis auf die Varus-Schlacht im Teutoburger Wald 9 n. Chr. gesehen; damals war die XVIII. Legion zusammen mit der XVII. und XIX. vollständig aufgerieben worden. Vom Kult der Matronen (Muttergottheiten), der insbesondere um Köln und Bonn verbreitet war, sind eine Reihe künstlerisch wertvoller Weihesteine ausgestellt, darunter eine Weihung des Q. Vettius Severus, »quaestor CCAA« (Stadtkämmerer von Köln).

Eine Vorstellung vom römischen Leben vermitteln höchst anschauliche Dioramen, u. a. einer römischen Großbaustelle am Forum von Xanten; des römischen Steinbruchs am Drachenfels; eines römischen Wohnhauses und einer Totenstraße.

Die Anordnung des Fundmaterials nach Sachgruppen wie »Die römische Armee in ihrer Doppelfunktion als Eroberer und Verbreiter römischer Zivilisation«; »Die kämpfende Truppe«; »Bauwesen und Verkehr«; »Einheimische Gottheiten und ihre Kulte«; »Römische

Weihestein an die aufanischen Matronen (Rhein. Landesmuseum Bonn).

Iversheim
Von Euskirchen auf der B 51 Richtung Bad Münstereifel acht Kilometer nach Iversheim. Vor dem Ortseingang führt eine Straße nach rechts zum Eisenbahnübergang. Nach Überqueren der Bahn nach rechts zum Schutzhaus über den römischen Kalkofen.

Kunst im Rheinland« erleichtern dem Besucher Übersicht und Orientierung.
Zu den Römerstätten, die am besten von Bonn aus zu erreichen sind, gehört die Kalkbrennerei von *Iversheim* (an der B 51).
Die aus sechs Kalköfen bestehende Anlage wurde 1966 entdeckt und in einem Schutzbau konserviert; sie übertrifft, was Größe und Erhaltungszustand anlangt, alles, was bisher in Europa von Anlagen dieser Art bekannt war. Wie Berechnungen ergeben haben, erreichte der Betrieb eine Monatsproduktion von 40 000 Zentnern Kalk. Bei der Probefeuerung eines der Öfen, der zu diesem Zweck wiederhergestellt wurde, erwies sich trotz anfänglicher Zweifel die Effizienz der Ofenkonstruktion. Die römischen Ingenieure konnten ihre modernen Fachgenossen überzeugen, daß sie ihr Handwerk verstanden.
Die Brennerei hat etwa einhundertfünfzig Jahre, von der Mitte des 2. Jahrhunderts bis um 300 n. Chr., bestanden. In einem der Öfen befanden sich noch Reste von gebranntem Kalk, was darauf schließen läßt, daß die Anlage plötzlich, wahrscheinlich bei einem Germaneneinfall, verlassen werden mußte. (An einem Modell der Iversheimer Kalkbrennerei im Rheinischen Landesmuseum in Bonn läßt sich der Brennvorgang in seinen einzelnen Phasen beobachten.)
Mit dem Ausflug nach Iversheim läßt sich die Besichtigung von römischen Kultstätten in *Pesch, Zingsheim* und *Nettersheim* verbinden.
Auf der »Addig«, einer Anhöhe in der Nähe von Pesch (etwa acht Kilo-

Modell eines Matronenheiligtums bei Pesch (heute Bad Münstereifel-Nöthen) (Rhein. Landesmuseum Bonn).

meter südlich von Iversheim, an einer Abzweigung – Hinweisschild »Römisches Tempelheiligtum« – von der Straße nach Nöthen, Richtung Blankenheim) liegen, im Wald

verborgen, die bis zur Höhe von 2,50 Meter erhaltenen Mauerreste eines römischen Tempelbezirks.
Die Kultstätte umfaßt mehrere Bauwerke: einen gallo-römischen Umgangstempel für die Verehrung einheimischer Muttergottheiten, der Matronae Vacallinehae, die nur von diesem Heiligtum bekannt sind und möglicherweise den Vacalli, einem Stammesteil der germanischen Eburonen, als Schutzgöttinnen heilig waren; einen ummauerten, rechteckigen Hof, möglicherweise zur Aufstellung von Altären und Weihesteinen; einem als »Basilika« bezeichneten Kultbau, dessen Verwendungszweck verschieden gedeutet wird; u. a. denkt man an eine Verbindung mit der kleinasiatischen Göttin Kybele, der großen Gottesmutter; das Wohnhaus eines Priesters oder Kultpersonals und ein langer, überdeckter Wandelgang entlang eines offenen Festplatzes für rituelle Versammlungen und Prozessionen.

Im Ortsteil *Zingsheim*, wenige Kilometer südwestlich von Pesch (an der B 477) wurden 1963 die Fundamente eines gallo-römischen Umgangstempels, Weihestätte der Matronae Fachinehae, entdeckt, und

Kalkbrennerei von Iversheim

Nettersheim
Von Bad Münstereifel nach Nöthen. An der Straßenkreuzung nach links weiter nach Pesch-Zingsheim-Nettersheim. Tempelbezirk auf der „Görresburg“.

Zingsheim
1,5 km von Pesch (s. o.) auf dem Weg nach Nettersheim. Auch von der B 477 zu erreichen.

auf der »Görresburg« beim nahen *Nettersheim*, fanden sich Reste eines Tempelbezirks für die Matronae Aufaniae, keltisch-germanischen Muttergottheiten, die aus Köln, Xanten, Zülpich, Bonn und Mainz bekannt sind. Die Tatsache, daß einige der Weihesteine von Benefiziariern, im Straßenpolizeidienst eingesetzten, dem Statthalter unmittelbar unterstellten Unteroffizieren, gestiftet waren, hat zu der Vermutung geführt, daß in der Nähe des Tempelbezirks eine Straßenpolizeistation gelegen hat, die allerdings bisher noch nicht einwandfrei lokalisiert werden konnte. Alle aufgedeckten Mauerreste sind konserviert und in einer Art Freilichtmuseum der Besichtigung zugänglich gemacht.

Remagen, etwa 20 Kilometer südlich von Bonn, auf der Tabula Peutingeriana, der mittelalterlichen Abschrift einer römischen Weltkarte aus dem 4. nachchristlichen Jahrhundert als Rigomagus bezeichnet, ist geschichtlich interessant als römisches Kohortenkastell und spätrömische Festung, von der noch Mauerreste erhalten sind. Eine kleine Sammlung römischer Altertümer ist im *Römisch-Fränkischen Heimatmuseum* in der Kapelle der *Abtei Knechtsteden* ausgestellt.
Von Remagen empfiehlt sich ein Abstecher nach *Bad Neuenahr*. Im Stadtteil *Ahrweiler* wurden 1980 beim Bau der B 267 hervorragend erhaltene Reste einer römischen Villa von außergewöhnlicher Qualität entdeckt.

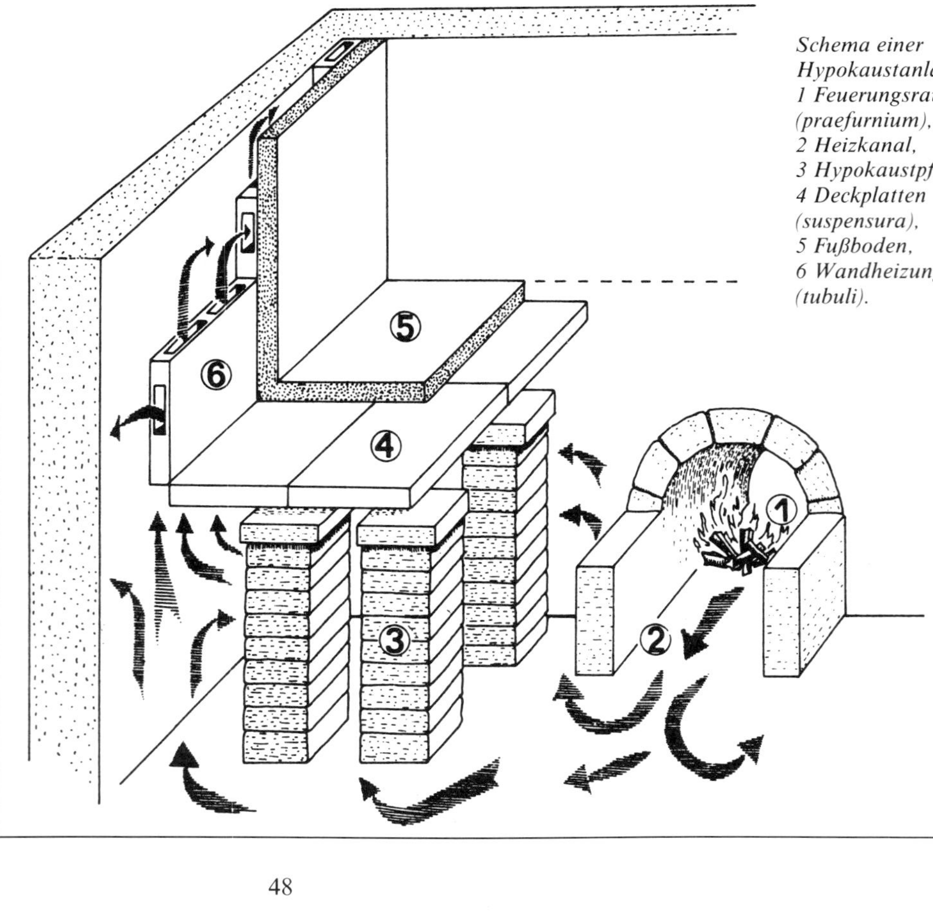

Schema einer Hypokaustanlage. 1 Feuerungsraum (praefurnium), 2 Heizkanal, 3 Hypokaustpfeiler, 4 Deckplatten (suspensura), 5 Fußboden, 6 Wandheizungsziegel (tubuli).

Nach Einschätzung der Archäologen ist der Fund eine »Seltenheit ersten Ranges« im Herrschaftsbereich der Römer nördlich der Alpen und »überragt alles, was auf europäischem Boden nördlich der Alpen ausgegraben ist«.

Es dürften indessen noch einige Jahr vergehen, bevor die großzügig geplante Restaurierung der Villa abgeschlossen werden kann und dieses einzigartige Beispiel römischer Wohnkultur auf deutschem Boden der allgemeinen Besichtigung zugänglich gemacht wird. Aber heute schon beeindrucken den gelegentlichen Besucher der Ausgrabungsstätte die teilweise noch bis zu 1,60 Meter erhaltenen, farbig verputzten und hie und da mit Malerei geschmückten Wände, das ausgedehnte, vorzüglich erhaltene zentrale Heizungssystem, die Küche mit intakter Herdplatte, ein Badetrakt – alles Anzeichen einer luxuriösen Ausstattung, die den Schluß nahelegen, daß die Villa Wohnsitz eines hohen Beamten der römischen Provinzialverwaltung oder eines hohen Militärs, etwa des Kommandeurs der in Bonn stationierten I. Legion Minervia, gewesen ist.

Etwa 2 ½ Kilometer vom Ortsausgang *Niederbreisig* entfernt, unterhalb der Burg Rheineck, überquert die B 9 den *Vinxtbach*. In seinem Namen liegt, so wird vermutet, das lateinische Wort finis für Grenze; denn der Bach bildete die Grenze zwischen den Provinzen Niedergermanien (Germania Inferior) und Obergermanien (Germania Superior) und vor der Einrichtung der beiden Provinzen unter Domitian zwischen 85 und 90 n. Chr. die Grenze zwischen den Militärbezirken des nieder- und obergermanischen Heeres.

Der Mündung des Vinxtbaches in den Rhein gegenüber auf der anderen Rheinseite, zwischen Bad Hönningen und Rheinbrohl, steht ein rekonstruierter römischer Wachtturm. Er bezeichnet den Punkt, an dem der Limes Imperii Romani, die befestigte Grenze des Römerreiches, ihren Anfang nahm (caput limitis). Von hier ab hörte der Rhein auf, Grenzfluß zu sein. Mit der Erbauung des Limes zwischen 83 und 90 n. Chr. wurden beide Ufer römisches Gebiet. (Eine genaue Beschreibung des Limes für Besichtigungszwecke folgt auf Seite 78 ff.).

Der Wachtturm wurde 1974 auf private Initiative durch freiwillige Helfer mit originalen »Römersteinen« von der Ruine eines anderen Wachtturmes im nahen Wald errichtet und ist der erste von nahezu neunhundert Wachttürmen, die den Limes auf seinem Verlauf bis zur Donau begleiten.

Obergermanischer Limes: Postenweg, Palisade, Steinwachttürme, Wall und Graben.

Odenwaldlimes: Letzte Ausbaustufe; gemauerte Wachttürme ersetzen Holztürme.

Andernach, die nächste Römerstätte auf dem Weg nach Süden, ist aus einer keltischen Siedlung entstanden und war unter dem Namen Antunnacum schon in der Frühzeit der Römerherrschaft am Rhein Kastell, Rheinhafen und Flottenstation für die kaiserliche Rheinflotte (classis Augusta Germanica). In spätrömischer Zeit lag hier eine der gewaltigen Steinfestungen, die unter den in Trier residierenden Kaisern des Westreichs auf dem linken Rheinufer zur Abwehr germanischer Raubzüge errichtet wurden. Die Mauer der spätrömischen Festung ist im Nordwesten, Westen und Süden der Stadt in den Fundamenten und unteren Teilen der mittelalterlichen Stadtbefestigung erhalten. Im *Stadtmuseum,* im »Haus v. d. Leyen« (Hochstraße), sind lokale Römerfunde und ein Modell der Rheinbrücke Caesars zu sehen.

Den Ort *Weißenthurm,* etwa zwei Kilometer südöstlich von Andernach, verbindet mit *Neuwied* auf dem gegenüberliegenden Rheinufer eine Brücke modernster Konstruktion; sie hängt mit Stahltrossen an einem riesigen Pfeiler. Die Brücke

Römisches Glas, Fundort Andernach (Stadtmuseum Andernach).

Seite 51 links: Rasiermesser, Fundort Niederbieber (Kreismuseum Neuwied).

Seite 51 rechts: Militärischer Schutzgott aus Niederbieber (Rhein. Landesmuseum Bonn).

mag als Symbol für die vielen Rheinübergänge gelten, die seit den Zeiten der Römer von Heeren der verschiedensten Nationen an dieser Stelle vollzogen wurden.
Die erste Brücke, die hier in geschichtlicher Zeit entstand, hatte Caesar gebaut, als er nach der Eroberung Galliens mit seinem Vorstoß zum Rhein den Machtbereich Roms bis zu den Gebieten der germanischen Stämme ausdehnte.
Im *Kreismuseum Neuwied* (Raiffeisenplatz) wird eine karbonisierte Pfahlscheibe aufbewahrt, die im Rhein beim Weißenthurmer Wert gefunden wurde. Sie gilt als Rest der Pionierbrücke, auf der Caesar im Jahre 55 v. Chr. mit zwei Legionen den Rhein überschritt. Dendrochronologische Untersuchungen des Holzrestes haben diese Annahme erhärtet. Der Baum, der den Pfahl lieferte, wurde im I. Jahrhundert v. Chr. gefällt.
In seinem »Gallischen Krieg« (IV, 17) hat Caesar den Bau seiner

Brücke eingehend beschrieben „. . . Die Brücke wurde auf folgende Weise gebaut: Je zwei anderthalb Fuß dicke Balken, die unten etwas zugespitzt waren und eine der Tiefe des Flusses entsprechende Länge hatten, wurden mit einem Zwischenraum von zwei Fuß aneinander festgemacht, hierauf mit Maschinen ins Wasser gelassen, in den Grund eingesetzt und mit Rammen eingetrieben, nicht senkrecht nach Art der Pfeiler, sondern schräg, so daß sie sich in Richtung der Strömung neigten. Diesen gegenüber wurden dann immer zwei auf die gleiche Weise verbundene Balken in einem Abstand von 40 Fuß stromabwärts eingeschlagen, die sich gegen Druck und Anprall der Strömung neigten. Diese Doppelpfähle wurden (oben) durch eingelassene Querbalken, die zwei Fuß dick waren, entsprechend dem Abstand zwischen den zwei Pfählen, und die mit zwei Klammern am Ende auf beiden Seiten befestigt wurden, auseinandergehalten. Da sie nun so auseinandergespannt und zugleich mit dem entgegengesetzten Paar fest verbunden waren, erhielt das ganze Werk eine solche Festigkeit und Beschaffenheit, daß es sich, je heftiger der Strom anprallte, desto stärker aneinanderschloß. Diese (nun stehenden) Brückenjoche wurden durch Balken, die man der Länge nach darauf legte, miteinander verbunden und mit Stangen und Faschinen (nach der Quere) bedeckt. Zu alledem wurden noch stromabwärts Pfähle (gegen den Strom) geneigt angebracht, die, als Stützen von unten dem ganzen Werk verbunden, die Gewalt des Stromes abfangen sollten. Auch in einer mäßigen Entfernung oberhalb der Brücke wurden Pfähle schräg eingeschlagen, damit durch diesen Schutz das Anprallen von Baumstämmen oder Schiffen, die etwa die Feinde den Fluß heruntertreiben ließen, um die Brücke zu zerstören, abgeschwächt würde und an der Brücke kein Schaden entstehen könnte.

Innerhalb von zehn Tagen, gerechnet von dem Zeitpunkt, da man an-

Modell der Rheinbrücke Caesars (Kreismuseum Neuwied).

Römische Werkzeuge aus dem Rheinland, 1.-2. Jh. n. Chr. (Rhein. Landesmuseum Bonn).

gefangen hatte, das Holz herbeizuschaffen, war der ganze Bau fertig. Das Heer wurde hinübergeführt, und Caesar nahm seinen Marsch in das Gebiet der Sugambrer, nachdem er eine starke Bedeckung an beiden Seiten der Brücke zurückgelassen hatte . . .“
(Zitat aus C. Julius Caesar: Der Gallische Krieg, Rowohlt Taschenbuch Verlag, Reinbek 1965, S. 76.)
Nach Caesars Angaben gefertigte Modelle der Brücke sind außer im Andernacher Stadtmuseum im Rheinischen Landesmuseum, in Bonn und im Römisch-Germanischen Zentralmuseum in Mainz ausgestellt.
Im Neuwieder *Ortsteil Oberbieber* ist auf dem Wingertsberg ein Limeswachtturm rekonstruiert.
Koblenz leitet seinen Namen vom lateinischen Confluentes her, der Bezeichnung für ein römisches Kastell am Zusammenfluß von Rhein und Mosel (»castra ad confluentes«). Es wurde erbaut, als nach der Vernichtung des rechtsrheinischen Heeres in der Schlacht im Teutoburger Wald 9 n. Chr. der Rhein zunächst wieder in seinem ganzen Verlauf die Grenze des Reiches geworden war und gegen Angriffe der unbesiegten Germanenstämme gesichert werden mußte.
Das Kastell diente insbesondere dem Schutz der linksrheinischen Heerstraße, die hier die Mosel überschritt. Eine Moselbrücke aus dem Jahre 131 n. Chr. ist dendrochronologisch belegt, ebenso nach neuesten Erkenntnissen eine Brükke über den Rhein (ungefähr an der Stelle der alten »Pontonbrücke«) aus dem Jahre 49 n. Chr., nach der Caesar-Brücke bei Weißenthurm,

die, wie oben dargelegt, dendrochronologisch nachweisbar ist, die älteste sicher belegte römische Rheinbrücke. Ein Bad aus dem 2. Jahrhundert, das im Rahmen der Altstadtsanierung bei Ausschachtungsarbeiten für ein Wohnhaus entdeckt wurde, gehörte möglicherweise zum Kastell.

Mit der Errichtung des Limes verlor das Kastell seine militärische Bedeutung. Das Lagerdorf, das, wie überall im Römischen Reich, mit einem Kastell verbunden war, blieb als bürgerliche Siedlung bestehen. In spätrömischer Zeit kehrte Koblenz zu seiner Rolle als militärischer Grenzposten zurück und wurde in die Kette von Steinfestungen aufgenommen, mit der das Weströmische Reich noch einmal die Flut der andrängenden Germanen aufzuhalten versuchte.

Spuren der spätrömischen Festung sind bis heute erhalten. Der nördliche Turm des Pfarrhauses der Liebfrauenkirche an der Danne ist bis zum Dachansatz ein Turm der Römerfestung. Auch der südliche Turm des Pfarrhauses enthält Teile eines römischen Festungsturmes. Weitere Turmreste befinden sich unter dem Chor von St. Florin und im Hinterhaus Entenpfuhl Nr. 19. Die Gasse »Unterm Stern« bewahrt in ihrem Namen bis heute die Erinnerung an eine Ausfallpforte in der Wehrmauer (»sub posternea«).

Die römische Festungsmauer in der Burgstraße 3-5 neben der »Alten Burg« ist in einer Länge von 13 Metern sichtbar erhalten.

In jüngster Zeit sind die Überreste der spätantiken Befestigung um einen weiteren bedeutenden Fund vermehrt worden. Im Juli 1984 stieß der Bagger bei Ausschachtungsarbeiten für eine Tiefgarage zwischen Kornpfortstraße und Florinspfaffengasse auf römisches Mauerwerk. Man hatte das Osttor der römischen Befestigungsanlage entdeckt, in Zeitungsberichten als Sensation bezeichnet. Untersuchungen ergaben, daß es sich um ein Doppelturmtor handelte. Nur der Nordturm der Toranlage konnte freigelegt werden. Der Südturm liegt unerreichbar unter der Florinskapelle. Die Türme waren halbrund und sprangen weit vor die Mauer vor.

Wegen der Mächtigkeit der Anlage hat man das Osttor die »Porta Nigra« der Stadt Koblenz genannt und mit dem Donautor des römischen Regensburg verglichen. Im Verhältnis zu dem bescheidenen Mauerring war die Toranlage viel zu aufwendig. Man glaubt daher, daß ihm weit über die militärische Bedeutung hinaus eine Droh- und Repräsentationsfunktion zukam. Als Entstehungszeit des Tores gilt das vierte, möglicherweise aber auch das fünfte Jahrhundert.

Bronzekanne aus Niederbieber (Kreismuseum Neuwied).

Im Koblenzer Stadtwald, an der B 327, befinden sich die Ruinen eines Doppelheiligtums für Merkur und seiner keltischen Gefährtin Rosmerta, Segens- und Fruchtbarkeitsgöttin, Göttin des Handels und Gewinns.
Das *Städtische Mittelrhein-Museum* am Florinsmarkt zeigt in seiner Sammlung römischer Funde vornehmlich Steindenkmäler.
Im *Landesmuseum auf dem Ehrenbreitstein* auf der anderen Rheinseite befinden sich skulptierte Steinblöcke eines Reiterfrieses, die seit 1860 und neuerdings im Zusammenhang mit der Mosel-Kanalisierung 1944 und 1969 an der Stelle der römischen Moselbrücke gefunden wurden, wo sie wahrscheinlich dem Schutz der Pfahlroste gegen Eis und Hochwasser dienten. Sie gehören zu den »bedeutendsten Funden römischer Plastik am Mittelrhein«. Im Museum ausgestellt ist neben anderen Römerfunden die hervorragend erhaltene Drachenstandarte aus dem Kastell Niederbieber (Ortsteil von Neuwied), ein »im gesamten römischen Weltreich und darüber hinaus einmaliges Fundstück.«
Von Koblenz etwa 40 Kilometer moselaufwärts liegen bei *Nehren* in den dortigen Weinbergen zwei in den Jahren 1975/76 auf antiken Fundamenten wiederaufgebaute Grabkammern aus spätrömischer Zeit. Eine der Grabkammern erwies sich als »der einzige noch erhaltene Raum aus der Antike im Rheinland, in dem die ursprüngliche Bemalung der Wände und des Gewölbes heute noch an Ort und Stelle weitgehend erhalten ist«.
Eines der eindrucksvollsten Beispiele für Größe und Wehrhaftigkeit spätrömischer Festungsbauten am Rhein bieten die Turm- und Mauerreste von Bodobriga, auch Baudobriga oder Bontobriga, wie *Boppard* zur Römerzeit hieß. Sie gehören zu den »besterhaltenen römischen Kastellmauern« auf deutschem Boden. Die Festung – ein Rechteck von 308 × 154 Meter – lag an der größten Rheinschleife mit weiter Sicht über das Rheintal. Nach jüngsten Erkenntnissen entstand die Anlage um 355 unter Caesar Julian (als Kaiser mit dem Beinamen Apostata in die Geschichte eingegangen). Für einen Rundgang empfiehlt sich das beim Verkehrsamt erhältliche Führungsblatt von Dr. Günther Stein.

Bronzekanne aus Niederbieber (Kreismuseum Neuwied).

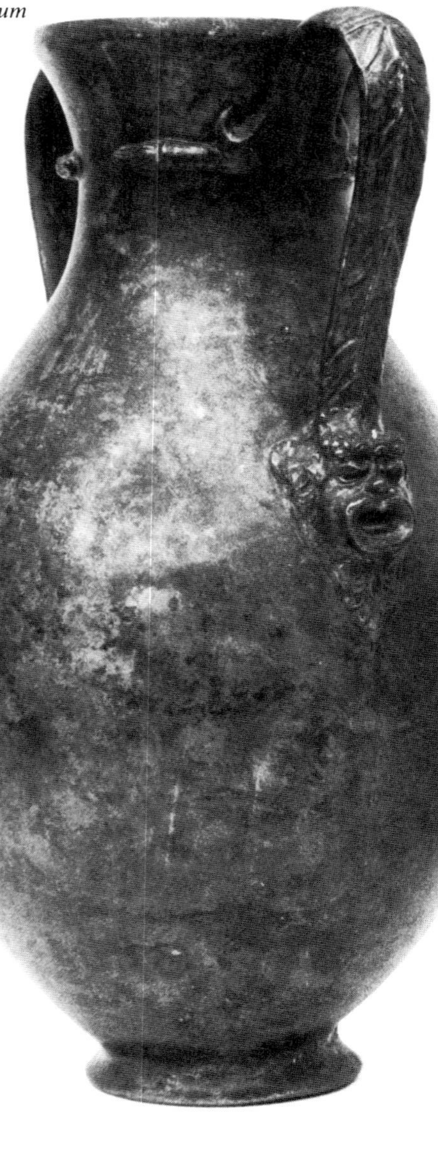

Nehren a. d. Mosel
an der B 49. Die Grabkammern liegen 1,5 km nördlich des Ortes.

Boppard
21 km von Koblenz; 69 km von Mainz. Im Städtischen Verkehrsamt in der Karmeliterstraße 2 erhält man ein Faltblatt „Boppard – eine römische Festung“. Es enthält eine genaue Beschreibung des Rundganges durch das römische Boppard.

Abbildung rechte Seite: Schröpfköpfe mit Nilpferd (Heimatmuseum der Stadt Bingen).

Abbildung unten: Pinzetten und Wundhakenhalter (Heimatmuseum der Stadt Bingen).

Bingen war als »Bingium« in römischer Zeit ein wichtiges Kastell zum Schutz des Übergangs der Militärstraße Mainz-Köln über die Nahe und wurde in spätrömischer Zeit in das linksrheinische Festungssystem einbezogen, zu dem, wie im Vorstehenden gezeigt wurde, Städte wie Andernach, Koblenz und Boppard gehörten.
Neben seiner strategischen Aufgabe als Militärstation erfüllte Bingen als Ausgangspunkt einer Reihe von Fernstraßen eine bedeutende Funktion im römischen Verkehrsnetz. Von Bingen aus erreichte man Bad Kreuznach (Cruciniacum), Alzey (Altaia oder Altiaium) und Worms (Borbetomagus). Vor allem aber führte von hier der Weg zur Reichshauptstadt Trier. Ausonius, Prinzenerzieher am Trierischen Hof in der zweiten Hälfte des 4. Jahrhunderts, hat seine Reise auf dieser Straße in dem Gedicht »Mosella« poetisch verschönt beschrieben.
Die wirtschaftliche Bedeutung der beim Kastell entstandenen Zivilsiedlung ist durch zahlreiche wertvolle Grabfunde bezeugt, vor allem durch den »Kronschatz«, dessen sich das *Heimatmuseum der Stadt* auf der Burg Klopp rühmt: das vollständige Instrumentarium eines Arztes, das in einem Grab in der Cronstraße gefunden wurde.
Offenbar war der Eigentümer die-

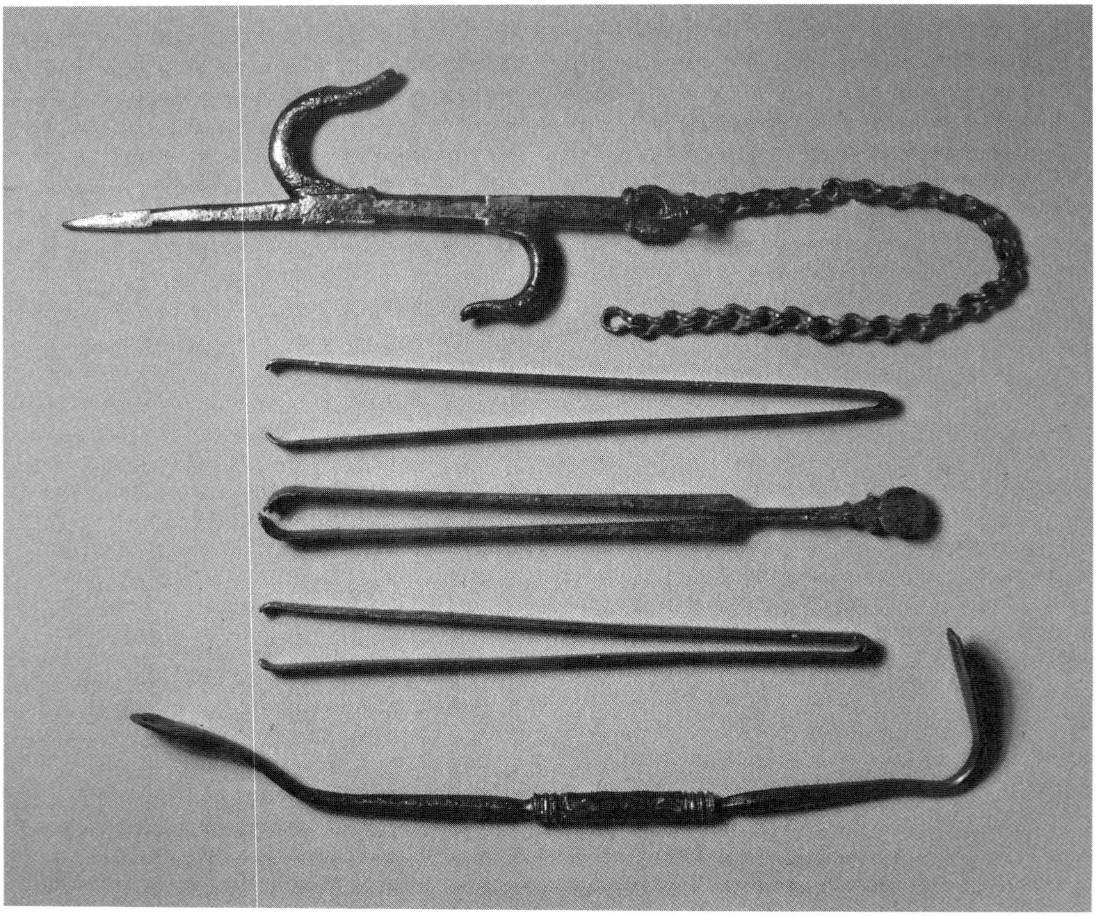

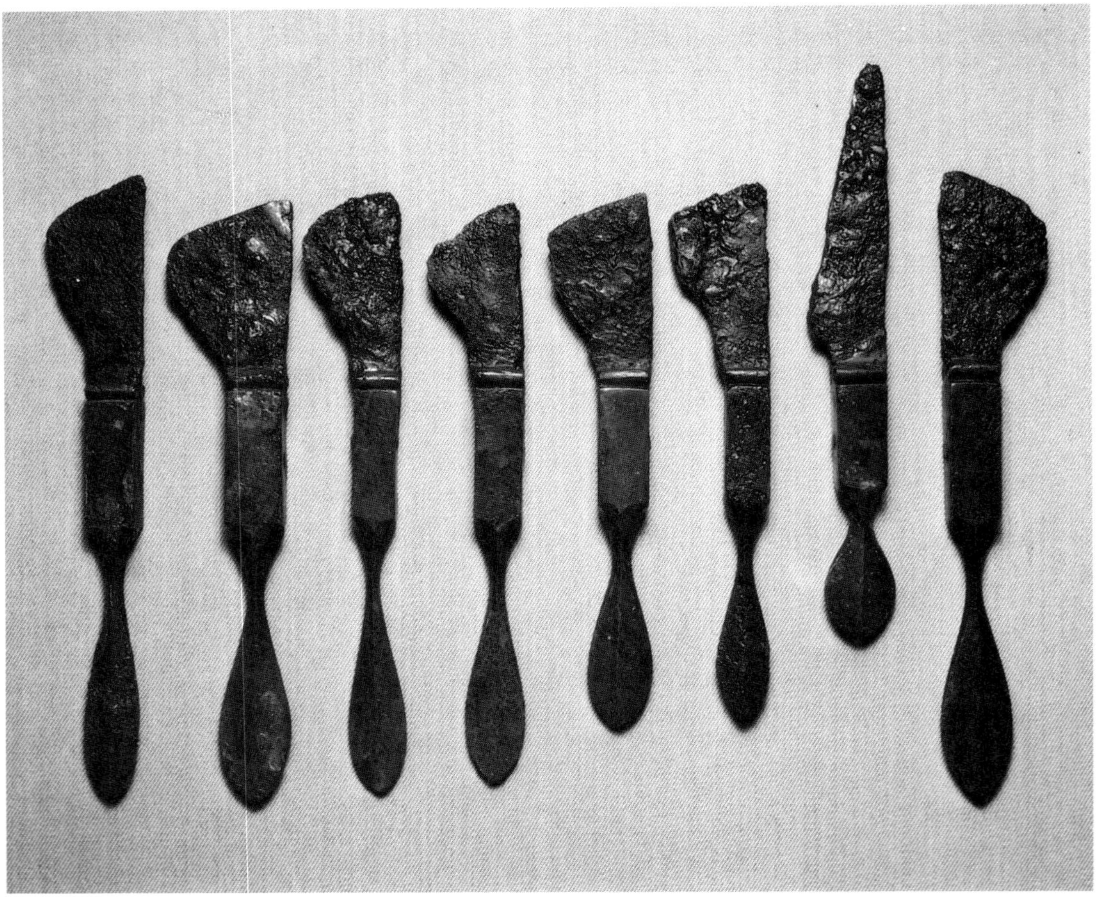

Skalpelle (Heimatmuseum der Stadt Bingen).

ser Sammlung kein »Feld-, Wald- und Wiesenarzt«. Unter seinen Hilfsmitteln findet sich neben den üblichen Skalpellen, Sonden und Pinzetten ein »Schädelbohrer«. Nur ein Chirurg mit großer Erfahrung und technischer Kunstfertigkeit konnte sich an eine derart diffizile Operation wagen, wenn sich auch wohl keine Phantasie die Umstände dieser Prozedur auszumalen vermag.

Eine in der Sammlung aufgefundene Bronzestatue eines Nilpferdes mit Uraeusschlange, Symbol der ärztlichen Kunst, mag darauf hindeuten, daß der verstorbene Arzt, wie viele seiner Berufskollegen im römischen Deutschland, Grieche war und seine medizinische Ausbildung in Alexandria erhalten hatte. Von Bingen erreicht man, wie zur Römerzeit, *Bad Kreuznach.* Die Entwicklung ist hier ähnlich verlaufen wie in Bingen: In der Frühzeit Militärstation am Übergang einer Fernstraße über die Nahe; eine im Zusammenhang mit dem Kastell entstandene Zivilsiedlung erreicht in der langen Friedenszeit nach dem Bau des Limes hohe wirtschaftliche Blüte; in der Spätzeit wieder befestigter Platz, als auch das Hinterland der Reichsgrenze gegen Germaneneinfälle in Verteidigungszustand versetzt werden mußte.

Bad Kreuznach
10 km von Bingen (Abfahrt von der Autobahn 61). „Römerhalle“ in der Hüffelsheimer Straße.

Zwei Mosaikfußböden aus einer palastartigen Villa von besonderer Größe und Schönheit (in einem

Der Sonnengott umgeben von Tierkreiszeichen. Römisches Mosaik aus Bingerbrück (Rhein. Landesmuseum Bonn).

Seitental der Nahe unmittelbar an der alten Hüffelsheimer Straße) sind als eindrucksvolle Zeugnisse aus der Blütezeit der Zivilsiedlung erhalten geblieben.
Eines der Mosaike, seit seiner Entdeckung 1893/94 unter der Bezeichnung »Gladiatorenmosaik« als herausragendes Beispiel römischer Mosaikkunst in Deutschland bekannt, war zunächst an seinem Fundort belassen worden, wurde aber nach dem Zweiten Weltkrieg wegen zunehmender Beschädigung in einem eigens für diesen Zweck errichteten Anbau des *Karl-Geib-Museums* untergebracht.
Das andere Mosaik wurde 1966 bei Grabungen gegenüber dem Gladiatorenmosaik entdeckt. Es stellt eine Meereslandschaft mit einem Kolossalkopf des griechischen Meeresgottes Okeanos dar, umgeben von Fabeltieren aus dem Meer. Nach Restaurierungsarbeiten in Trier wurde ein großes Teilstück des Mosaiks 1981 bei der Neuaufstellung von römischen Steindenkmälern in der Steinhalle des Mittelrheinischen Landesmuseums in Mainz der Öffentlichkeit vorgestellt.
Seit kurzem sind die beiden Kreuznacher Mosaike in die Nähe ihrer Fundstellen zurückgekehrt und dort buchstäblich »unter einem Dach« vereint. Im vorderen und hinteren Teil der Halle befinden sich die in ihrer ursprünglichen Orientierung in den Boden eingelassenen Mosaike, das Gladiatorenmosaik außerdem mit der intakt aufgefundenen Heizungsanlage, die in einem Untergeschoß besichtigt werden kann. Dort sind auch Steinplastiken vom römischen Friedhof in Bingerbrück (Soldaten- und zivile Grabdenkmäler) zu sehen. Das oktogonale Mittelfeld des Okeanosmosaiks schmückt wie im Altertum ein Springbrunnen.
An den Seitenwänden sind originale Architekturteile der Villa auf Sockeln aufgestellt; an der Stirnwand ragt eine Jupitersäule empor. Dahinter befinden sich Vitrinen mit Gegenständen aus dem Totenkult und dem religiösen Bereich.
Auf einer Empore sind unter bewußtem Verzicht auf »Masse« in mustergültiger Überschaubarkeit Fundgegenstände nach Sachgruppen geordnet ausgestellt (Innenausstattung, Wasserversorgung, Handel und Gewerbe, Handwerk, Kleidung, Körperpflege, Schrift und Spiel, Essen und Trinken u. a.).
In einem weiteren Bauabschnitt soll die Ausgrabungsstätte der Villa, soweit sie nicht überbaut ist, freigelegt und die Konturen der Villa im Grabungsgelände sichtbar gemacht werden.
Über den Eigentümer der Villa ist nichts bekannt. Angesichts ihres palastartigen Charakters, der Würde und Macht repräsentiert, nimmt man an, daß es sich, ähnlich wie bei der Villa von Ahrweiler, um eine Persönlichkeit aus den höchsten Rängen der Beamten- oder Militärhierarchie gehandelt haben könnte.
Die Villa wurde wahrscheinlich während der Frankeneinfälle um 275 n. Chr. zerstört, später zu einer Festung umgebaut und endgültig verlassen, als Kaiser Valentinian im 4. Jahrhundert auf den Trümmern des vicus Cruciniacum ein Kastell erbauen ließ. Von der spätantiken Festung ist nur noch ein kleiner Rest der Nordostmauer auf dem Gelände des staatlichen Gymnasiums in der Schlachthofstraße erhalten.

Alzey
35 km von Mainz (B 40) oder Autobahn 63 zum Autobahnkreuz Alzey, von dort Autobahn 61 bis Abfahrt Alzey. 22 km von Worms (Autobahn 61 von Süden zur Abfahrt Alzey). Die Ausgrabungen des Kastells in der Jean-Braun-Straße.

Auf dem Weg nach Mainz gelangt man zu dem etwa 25 Kilometer entfernten *Alzey*, dem dritten Ort mit einem den beiden vorhergehenden ähnlichen Schicksal.
Das römische Altiaium war während der Blütezeit der römischen Zivilisation in Deutschland ein bedeutender Marktort am Schnittpunkt verkehrsreicher Fernstraßen

und wegen der daraus resultierenden strategischen Bedeutung in der römischen Spätzeit eine der großen Festungen im binnenländischen Verteidigungssystem. Valentinian I. (364-375), der Erbauer der Festung, hat dort wiederholt residiert, wie mehrere Edikte bezeugen, die von Alzey zwischen 370 und 375 ausgegangen sind.

Die seit 1929 bis zur jüngsten Gegenwart fortgeführten Ausgrabungen im Kastellgelände haben Mauerreste freigelegt, die ähnlich wie die Bopparder Befestigungen einen Einblick in die spätrömische Festungsbaukunst gewähren. Das Kastell hatte einen quadratischen Grundriß von 165 Meter Seitenlänge. Die Wehrmauern waren drei Meter dick und mit vierzehn Rund- oder Halbrundtürmen bewehrt. Die beiden Tore der Festung flankierten rechteckige Türme. An den Innenseiten der Mauern wurden doppelgeschossige Kasernen festgestellt.

Von historischem Interesse für Alzey ist ein schon 1783 aufgefundener Nymphenaltar. Er wurde von den »vicani Altiaienses« (den Bürgern von Altiaia) am 22. November 223 errichtet, wie sich die Inschrift auf dem Altar deuten läßt.

Spätantikes Fundament mit Steindenkmälern in Alzey.

Die Inschrift des Nymphenaltars von Alzey lautet: Zu Ehren des göttlichen Kaiserhauses. Den göttlichen Nymphen haben die Einwohner des vicus Altiaiensium diesen Altar aufgestellt unter der Obhut des Octonius Tertius und Castonius Cassius am 22. November unter dem Konsulat des Maximus und Aelianus (= 223 n. Chr.) (Museum Alzey).

Ebenso bedeutsam für die Geschichte von Alzey ist »der älteste bekannte Bierfund auf deutschem Boden«, eine mit Schwarzbiermaische gefüllte Kugelamphore aus dem Vorraum eines Kellers der römischen Zivilsiedlung. Der Fund gilt als Indiz für die Plötzlichkeit, mit der die Katastrophe der Zerstörung ihrer Heimat durch die Alamannen um 352/353 über die Einwohner des vicus hereinbrach.

Die meisten Steindenkmäler in der Steinhalle des *Museums* (Antonierstr. 41, im ehemaligen Hospitalgebäude) sind Spolien, die in den Fundamenten der Festungsmauern verwendet waren, eine Erscheinung, die auch von anderen spätrömischen Festungen bekannt ist, als

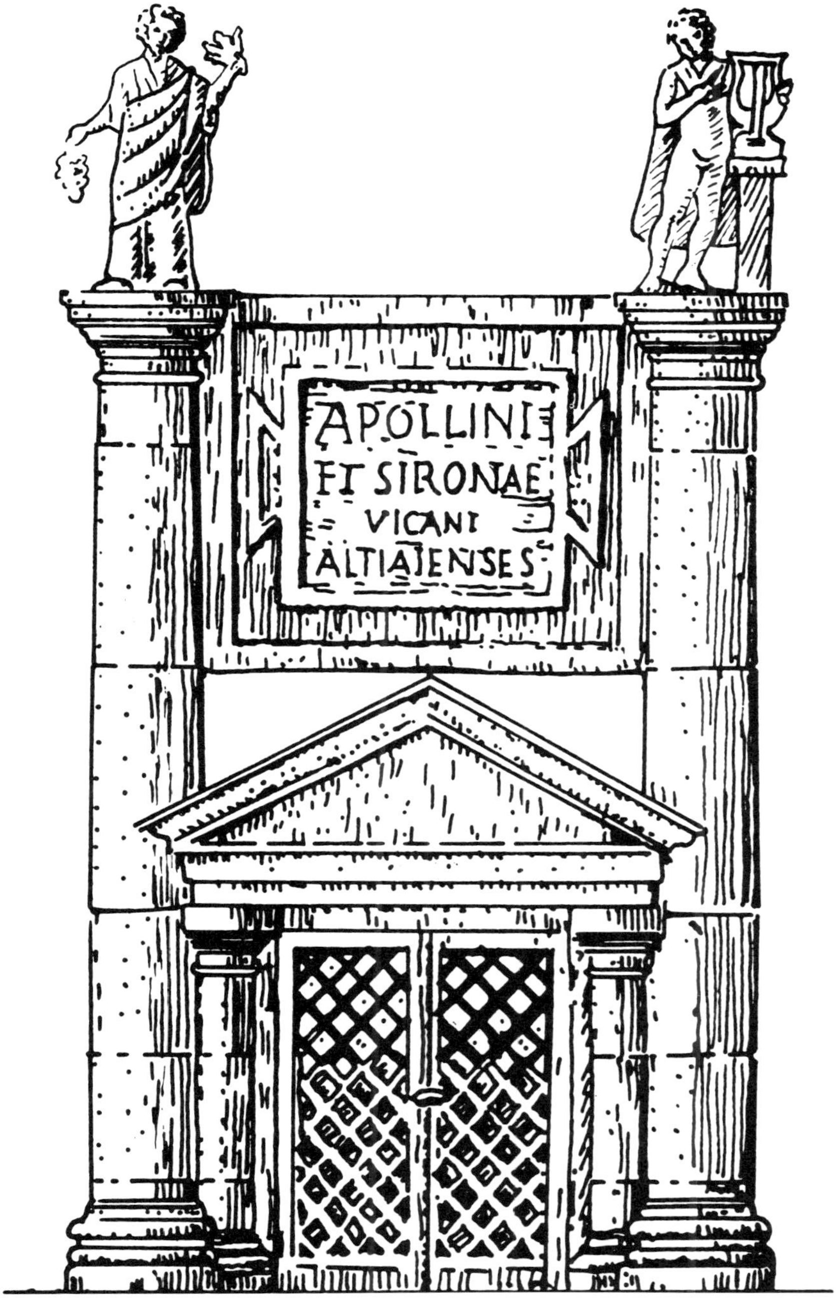

Rekonstruktionszeichnung des Eingangs zum Quellheiligtum in Alzey (Museum Alzey).

es darauf ankam, in großer Eile mit allen örtlich verfügbaren Steinmaterialien – dazu gehörten Grabmäler ebenso wie Altäre und Weihesteine – eine Befestigung aufzubauen.

Das zeitliche Ende des Kastells hat sich bis heute noch nicht mit Sicherheit feststellen lassen. Einige nehmen an, es sei 406 zugleich mit einer Germaneninvasion aufgegeben worden. Andere gehen davon aus, daß die Festung noch nach dieser Zeit militärisch besetzt gewesen sei und erst um 435 zerstört wurde.

Diese Unsicherheit der Datierung hat zu einer interessanten Kontroverse Anlaß gegeben. Zu Beginn des 5. Jahrhunderts ergriffen die

Großer Statuensockel mit Hercules und Cerberus (Museum Alzey).

Burgunder von der Rheinpfalz Besitz und übten als römische »foederati« die Funktion von Grenztruppen. In diesem Zusammenhang erscheint es nicht als ausgeschlossen, daß die letzten Verteidiger der Festung Burgunder gewesen sind. Die Anwesenheit burgundischer foederati im Kastell hat sich archäologisch aber nicht nachweisen lassen. Andererseits sind Bauten im Kastell als germanisch erkannt worden, was immerhin eine burgundische Besatzung als Möglichkeit offen läßt, so daß man noch nicht endgültig von der romantischen Vorstellung Abschied zu nehmen braucht, in der Gestalt des »Volker von Alzei«, dem Fiedler des Nibelungenliedes, verberge sich der letzte burgundische Kommandant der spätrömischen Festung.

Bauurkunde mit der Inschrift: Dem Apollo Grannus hat Marius Senopatius Novellus (diesen Bau) geweiht am 18. August unter dem Konsulat des Piso und des Iulianus (= 175 n. Chr.) (Museum Alzey).

Minerva-Relief aus dem Alzeyer vicus (Museum Alzey).

Von Alzey über *Nierstein*, das römische Buconica, mit den als »Sironabad« bezeichneten restaurierten Resten einer dem Götterpaar Apollo und Sirona heiligen Quelle, nach *Mainz* (Mogontiacum). Militärisch und politisch unterstanden die eben besuchten Städte Boppard, Bingen, Bad Kreuznach und Alzey dem in Mainz residierenden kaiserlichen Statthalter.

Als Provinzialhauptstadt und Sitz des Generalkommandos der in der Provinz Obergermanien stationierten Streitkräfte (»exercitus Germanicus superior«) war Mainz Zivilsiedlung und Garnison.

In der Geschichte von Mainz überwog während der ganzen Zeit seiner Zugehörigkeit zum Römischen Reich das militärische Element. Schon die Wahl des Standortes für ein Lager an dieser Stelle war von militärischen Erwägungen bestimmt. Wie Vetera castra an der Mündung der Lippe in den Rhein bot die Lage von Mainz gegenüber der Mainmündung die ideale Ausgangsbasis für ein Vordringen in die germanischen Gebiete jenseits des Rheins, wie es der Plan des Augustus einer Ausdehnung der Reichsgrenze bis zur Elbe vorsah. Auf diesem Weg zog Drusus, der Stiefsohn des Kaisers, in den Jahren 10 und 9 v. Chr. gegen die Chatten und die germanischen Elbstämme. Von hier aus marschierte Germanicus im Jahre 15 n. Chr. in das Innere Germaniens, um die in der Schlacht im Teutoburger Wald Gefallenen ehrenvoll zu bestatten und die Legionsadler wiederzugewinnen. Im Mainzer Legionslager versammelte Domitian im Jahre 83 n. Chr. seine Streitmacht für den Krieg gegen die Chatten. Domitian führte sein Heer auf einer festen Brücke über den Strom; sie hat noch mindestens bis zum Ende des 4. Jahrhunderts bestanden.

Im Jahre 234 war Mainz Bereitstellungsraum einer gewaltigen Streitmacht für den Feldzug gegen die Alamannen, die 213 zum ersten Mal die Reichsgrenze bedroht hatten. Kaiser Severus Alexander hatte den Befehl dazu gegeben, konnte aber selbst die Offensive nicht führen. Er und seine Mutter Mamaea wurden im Mainzer Lager von aufgebrachten Soldaten erschlagen, als er versuchte, durch Verhandlungen mit den Alamannen den Krieg zu vermeiden.

Seinem Nachfolger Maximinus Thrax, der die militärischen Vorbereitungen in Mainz geleitet hatte, gelang es zwar noch einmal, die Alamannen über die Grenze zurückzudrängen. Der Erfolg war jedoch kurzlebig. 259/60 durchbrachen die Alamannen den Limes; das Limesgebiet bis zum Rhein ging verloren.

Noch in spätrömischer Zeit war Mainz wiederholt Aufmarschbasis für Feldzüge in germanisches Ge-

Abb. linke Seite: Grabstelle des Publius Urvinus, Militärscharfrichter der 13. Legion, gefunden in Mainz-Zahlbach, 1. Viertel des 1. Jh. n. Chr. (Mittelrheinisches Landesmuseum Mainz).

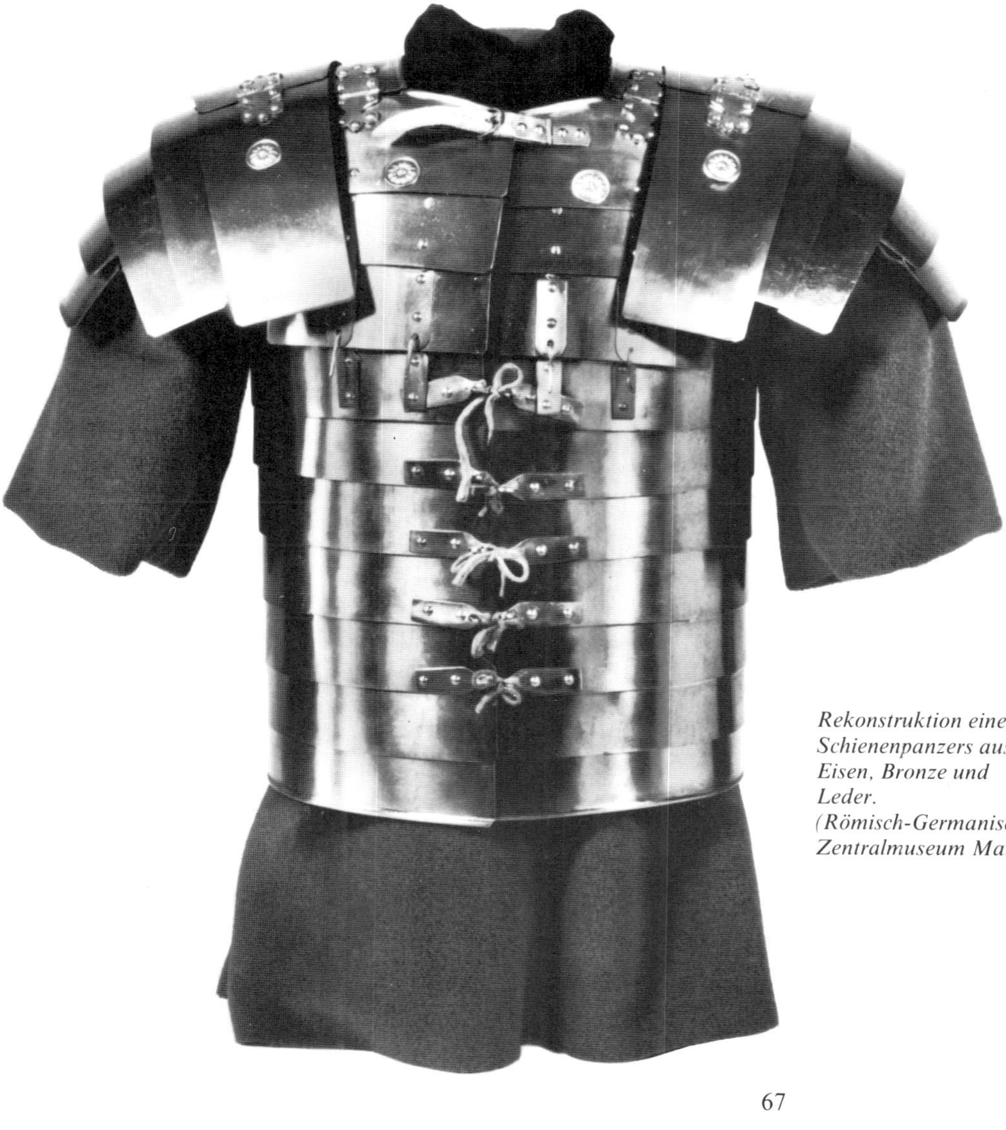

Rekonstruktion eines Schienenpanzers aus Eisen, Bronze und Leder. (Römisch-Germanisches Zentralmuseum Mainz).

Im Rhein bei Weisenau gefundener Legionärshelm aus der 2. Hälfte des 1. Jh. n. Chr. (Mittelrhein. Landesmuseum Mainz).

biet und wurde gegen Ende der Römerherrschaft Hauptquartier des Dux Mogontiacensis, der nach Auflösung des Legionslagers um 360/70 die zivile und militärische Gewalt im Gebiet von Andernach bis Sels im Elsaß ausübte.

Der Straßenname Kaestrich im höhergelegenen Stadtteil von Mainz erinnert noch heute an die castra, das Legionslager, das dort gelegen hatte, wie auch der Name Mainz-Kastel die Erinnerung an das castellum wachhält, das Mainz gegenüber auf dem östlichen Rheinufer die Rheinbrücke schützte.

Das Lager ist zu verschiedenen Zeiten in verschiedener Stärke, einmal mit vier Legionen, besetzt gewesen. Von 92 bis gegen Ende des 4. Jahrhunderts war Mainz Garnison der Legio XXII Primigenia Pia Fidelis, der Mainzer »Hauslegion«. Die Ehrentitel Pia Fidelis hatte die Legion zusammen mit Einheiten des niedergermanischen Heeres und der Rheinflotte von Domitian erhalten, dem sie beim Aufstand des Mainzer Legaten Antonius Saturninus im Jahre 89 die Treue gehalten hatte.

Die Legionen, die vor der endgültigen Stationierung der XXII. in Mainz gestanden hatten, sind auf Soldatengrabsteinen verzeichnet, die in chronologischer Reihenfolge im Steinsaal des Mittelrheinischen Landesmuseums aufgestellt sind. Außer Bildnis und Namen des Soldaten enthalten die Inschriften auf den Grabsteinen gewöhnlich auch Alter, die Zahl der Dienstjahre und die Einheit, in der der Verstorbene gedient hatte (eine Beschreibung

Grabstein des Reiters Romanius von der Ala Noricorum, gefunden in Mainz-Zahlbach, 1. Hälfte des 1. Jahrhunderts n. Chr. (Mittelrheinisches Landesmuseum Mainz).

Die Vorstädte von Legionslagern hießen canabae, soweit sie auf militäreigenem Gebiet lagen; daneben gab es in der Nähe von Legionslagern bürgerliche Siedlungen (vici, municipia, coloniae), die der zivilen Provinzialverwaltung unterstanden.

Die ersten Mainzer Bürger, die in einer steinernen Urkunde genannt sind, waren Bewohner der Legionsvorstadt. Die Inschrift auf der berühmten Jupitersäule, die 1904/05, in ungefähr zweitausend Stücke zerschlagen, in einer Baugrube entdeckt wurde, verkündet, daß es »canabarii« waren, die auf Grund eines öffentlichen Beschlusses (»publice«) die Säule dem Jupiter, dem Besten und Größten, für das Wohlergehen des erhabenen Kaisers und Feldherren Nero widmeten. (Eine Nachbildung der Säule in Kunststein ist auf dem Deutschherrenplatz aufgestellt; die Originalstücke der Säule befinden sich, in drei Teilen zusammengesetzt, im Steinsaal des Mittelrheinischen Landesmuseums.) Die Darstellung der Grabsteine in »Die Römer in Deutschland«, S. 191 f.).

Zur römischen Armee gehörten neben den Legionen die »auxilia«, Hilfstruppen, die aus den verschiedensten Gebieten des Reichs – von Britannien bis Nordafrika, von Spanien bis Kleinasien – rekrutiert wurden. Sie waren in Infanterie- (Kohorten) und Kavallerie-Einheiten (Alen) gegliedert und für gewöhnlich in der Nähe von Legionslagern stationiert. Sie bildeten vor allem das militärische Rückgrat des Limes. So finden sich unter den Ausstellungsstücken im Steinsaal auch Grabsteine von Auxiliarsoldaten. Ebenso wie von der römischen Armee geben Steindenkmäler Kunde von der bürgerlichen Siedlung, die sich im Anschluß an das Mainzer Legionslager entwickelte.

Lunarrelief von der Mainzer Jupitersäule, um 60 n. Chr. (Mittelrhein. Landesmuseum Mainz).

Abb. rechts: Dioskurrelief von der Mainzer Jupitersäule, um 60 n. Chr. (Mittelrhein. Landesmuseum Mainz).

Abb. S. 71 Drusus-Grabmal auf der Zitadelle von Mainz, aus der Zeit um 60 n. Chr.

des Reeders Blussus und seiner Frau auf seinem Grabstein vermittelt ein anschauliches Bild von dem soliden Wohlstand der Mainzer Bürger.

Vom römischen Mainz sind oberirdisch nur wenige Reste erhalten.

Der sog. »Eichelstein« oder »Eigilstein« im südlichen Gelände der ehemaligen Zitadelle gilt nach alter Tradition als Kenotaph des Drusus, der 9 v. Chr. auf seinem Kriegszug gegen die Germanen tödlich verunglückte. (Nach anderer Ansicht handelt es sich um ein bürgerliches Grabmonument nach Art des Grabmalrundbaues der Cecilia Metella an der Via Appia bei Rom.)

Die »Römersteine« gegenüber dem St. Hildegardis-Krankenhaus in der Nähe des Sportplatzes an der Unteren Zahlbachstraße im Zug der Bingener Straße sind recht kümmerliche Überreste von Pfeilern einer acht Kilometer langen Wasserleitung von einer Quelle bei Drais und Finthen zur Südwestecke des

Dativius-Victor-Bogen, gefunden in Mainz-Kästrich, 3. Jh. n. Chr. (Mittelrhein. Landesmuseum Mainz).

Trauernde Germanin (Mittelrhein. Landesmuseum Mainz).

Legionslagers. (Die Stadt Mainz, einem Ondit zufolge, plant die Rekonstruktion von fünf Pfeilern und vier Rundbögen der Wasserleitung.)

Der »Dativius-Victor-Bogen« auf dem Ernst-Ludwig-Platz ist aus Abgüssen von Architekturfragmenten rekonstruiert, die 1898-1911 in den Fundamenten der römischen Stadtmauer in der Nähe des Gautores gefunden wurden (die Originalteile im Mittelrheinischen Landesmuseum). Dativius Victor war Ratsherr des Gaues der Taunensier und Provinzialpriester des Kaiserkultes gewesen, bevor er, wohl im Zusammenhang mit dem Fall des Limes, seine Heimat verlassen mußte und Zuflucht in Mainz suchte. Zum Dank für seine Aufnahme versprach er den Bürgern einen »Bogen mit Säulenhalle«. Seine Söhne führten das Versprechen aus.

Blussustein (Mittelrhein. Landesmuseum Mainz).

Ein Teil der römischen Stadtmauer kam an der Hinteren Bleiche nach der Zerstörung von Häusern im Zweiten Weltkrieg zutage.
Die an den Brunnenbecken am Ernst-Ludwig-Platz angebrachten Quaderskulpturen sind Abgüsse von skulptierten Säulensockeln, möglicherweise von einem Säulengang im Stabsgebäude des Legionslagers oder von einem Siegesdenkmal (Originalstücke im Mittelrheinischen Landesmuseum).
Mainz ist für das römische Deutschland vor allem wegen seiner hervorragenden Museen von Bedeutung, dem *Römisch-Germanischen Zentralmuseum* im Kurfürstlichen Schloß und dem schon mehrfach erwähnten *Mittelrheinischen Landesmuseum* im ehemaligen Marstallgebäude der Residenz, Große Bleiche 49/50.

Das Römisch-Germanische Zentralmuseum ist das einzige Museum in Deutschland, dessen Sammlungen mit Hilfe von Originalfunden und Nachbildungen »einen systematischen Überblick über die Entwicklung der vor- und frühgeschichtlichen Kulturen in Deutschland und ihre weitreichenden Wechselbeziehungen« geben. Man beachte insbesondere das Rekonstruktionsmodell einer römischen Wasserorgel; die Nachbildung des 1844 bei Mainz gefundenen »Schwertes des Tiberius« (das Original befindet sich im British Museum in London) und die originalgetreue Wiedergabe der Mosaiken aus der Kirche San Vitale in Ravenna des Kaisers Justinian mit Gefolge.
Das Mittelrheinische Landesmuseum, soweit es sich um die Römerzeit handelt, ist der Sammlung von Kleinfunden und Steindenkmälern aus dem Mainzer Stadtbereich und dem mittelrheinischen Raum gewidmet.

Die schon vorher erwähnten Soldatengrabsteine sind für die Militärgeschichte des römischen Mainz aufschlußreich; bürgerliche Grabsteine, wie der oft abgebildete Blussustein, lassen u. a. die Romanisierung der keltischen Zivilbevölkerung von Mainz erkennen.
Zu den bedeutendsten Besitztümern des Museums gehört ein 1961 beim Ausschachten einer Baugrube in der Mainzer Neustadt zutage geförderter marmorner Porträtkopf, vermutlich ein Bildnis des jugendlichen Augustus oder nach anderer Deutung des Lucius Caesar, Enkel und Adoptivsohn des Kaisers, sowie der lebensgroße Bronzekopf (Fragment einer Statue) einer Göttin aus dem Merkurheiligtum bei Finthen, möglicherweise ein Bildnis der keltischen Rosmerta, Gefährtin des Merkur.

Bronzekopf einer Göttin, gefunden in Mainz-Finthen, 1. Hälfte 2. Jh. n. Chr. (Mittelrhein. Landesmuseum Mainz).

Bei Ausschachtungsarbeiten für eine Tiefgarage fanden Hobbyarchäologen 1982 die Überreste eines römischen Transportschiffes aus dem 1. bis 3. Jh. n. Chr.

Von Mainz am Limes entlang nach Regensburg und zur Donaugrenze

Grabstein des C. Valerius Crispus aus Berta, einer Stadt in Mazedonien, abgebildet in feldmarschmäßiger Ausrüstung (Museum Wiesbaden).

Das Mainzer Oberkommando war Befehlszentrale für die militärischen Anlagen am obergermanischen Limes.

Der Weg von Mainz zum Limes führt über *Wiesbaden,* in römischer Zeit militärischer Stützpunkt und ein auch in Kreisen der Hauptstadt Rom bekannter Kur- und Badeort im Land der Mattiaker (»Aquae Mattiacorum«). Der rötliche Sinter der heißen Quellen lieferte ein bei schwarzhaarigen Römerinnen beliebtes Haarfärbemittel, das die Haare in »flammendes Rot« verwandelte. Und Martial empfahl den Lesern seiner Epigramme die »Kugeln der Mattiakischen Quellen« gegen ergrauendes Haar. Dies sei besser, als sich die Haare auszuraufen. »Denn, was nützt dir ein Kahlkopf?« (»quo tibi calva«?).

In dem Alamannensturm 259/60 wurde auch Wiesbaden überrannt, aber noch einmal für kurze Zeit dem römischen Herrschaftsbereich zurückgewonnen, als Kaiser Valen-

Abb. rechts: Soldatengrabstein des T. Flavius Celsus (Museum Wiesbaden).

tinian I. um 369 den Versuch unternahm, das verlorengegangene Limesgebiet dem Reich wieder einzugliedern. Aus dieser Zeit stammt der einzige sichtbare Überrest aus römischer Zeit, die sog. »Heidenmauer«, die als Anfang eines unvollendet gebliebenen spätrömischen Kastells gedeutet wird.

In den Sammlungen Nassauischer Altertümer im *Museum Wiesbaden* (Friedrich-Ebert-Allee 2) lassen sich, wie in den Mainzer Museen, anhand von Soldatengrabsteinen Einblicke in das römische Militärwesen gewinnen. Besondere Beachtung verdient der Grabstein des C. Valerius Crispus aus Berta (einer Stadt in Mazedonien), der in der vollen feldmarschmäßigen Ausrüstung eines Legionärs auf seinem Grabstein abgebildet ist. Der Stein »ist wohl eines der bekanntesten Denkmäler des Rheinlandes und wird vielfach als typische Darstellung des römischen Legionärs benützt«.

Raritäten unter den militärischen Ausrüstungsgegenständen sind: das Abzeichen eines Straßenpolizeimeisters im Stab des Provinzialstatthalters (»beneficiarius consularis«) und ein Capricorn-(Steinbock-)-Feldzeichen der XXII. Legion.

Abb. unten links: Grabstein des Q. Vibius Agiustus, gefunden in Wiesbaden (Museum Wiesbaden).

Abb. unten rechts: Grabstein des Licaius, gefunden in Wiesbaden (Museum Wiesbaden).

Grabstein des Dolanus (Museum Wiesbaden).

Im religiösen Bereich bemerkenswert ist ein im Museum rekonstruiertes Heiligtum des persischen Lichtgottes Mithras.
Eine durch Leuchtpunkte anschaulich gemachte Landkarte erlaubt eine erste Orientierung über den Verlauf des Limes und seine Befestigungsanlagen zwischen Rhein und Main. Themenkreise anderer Ausstellungsstücke sind die Wiesbadener Thermen, Handel und Gewerbe, Kunstgewerbe, häusliches Leben und einheimische und orientalische Gottheiten.

Nächste Station auf dem Weg zum Limes ist *Frankfurt*.
Baureste eines aus der Zeit des Feldzuges Domitians gegen die Chatten (83–85 n. Chr.) stammenden Kastells sind in einem »Historischen Garten« auf dem Domhügel konserviert.
Zwei prachtvoll erhaltene Reiterhelme (in der Römischen Ausstellung im Deutschordenshaus) geben ein eindrucksvolles Bild vom Aussehen der römischen Auxiliarkaval-

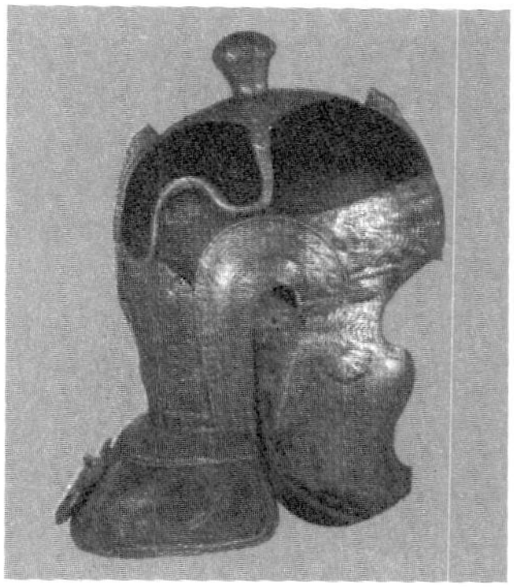

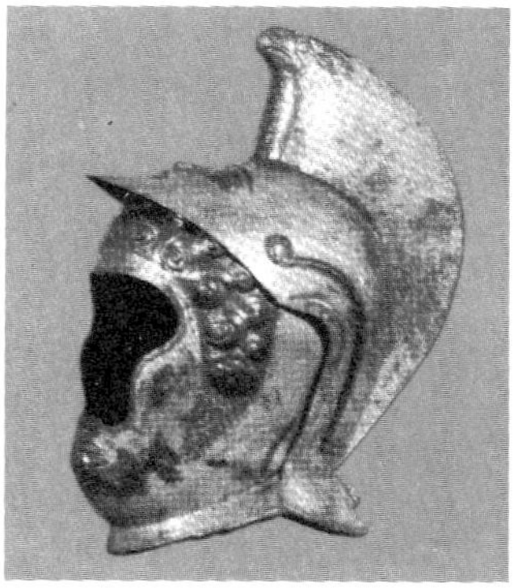

In Nida-Heddernheim gefundene Helme, die nicht für den Kampf, sondern für Reiterspiele bestimmt waren (Museum für Vor- und Frühgeschichte, Frankfurt am Main).

Reitender Jupiter und Gigant: Fragment einer der 13 Säulen für Jupiter, die in Nida-Heddernheim gefunden wurden (Museum für Vor- und Frühgeschichte, Frankfurt am Main).

Mithras-Altar aus Heddernheim, Vorderseite.

Rückseite (Museum Wiesbaden).

In Nida gefertigte Bronzelampe mit Pferdekopf (Museum für Vor- und Frühgeschichte, Frankfurt am Main).

Abb. rechte Seite: Äußere Mauer des Limeskastells Saalburg mit Doppelgraben.

Wandputzreste mit figürlicher Bemalung aus Nida-Heddernheim (Museum für Vor- und Frühgeschichte, Frankfurt am Main).

lerie. Andere Funde beziehen sich auf Lesen und Schreiben, religiöses Leben, Totenkult, Handel, Beleuchtung.

Unter den Steindenkmälern ragt eine Jupitergigantensäule von hoher bildhauerischer Qualität hervor. Ferner ein Steinbildnis der sonst wenig bekannten keltischen Göttin Candida (1982 wurde in Osterburken ein weiterer Weihestein für die Dea Candida entdeckt) und Kleinfunde aus dem römischen Nida, dem Vorort des Gaues der Taunensier (civitas Taunensium) und der »größten archäologischen Fundstätte im heutigen Land Hessen«.

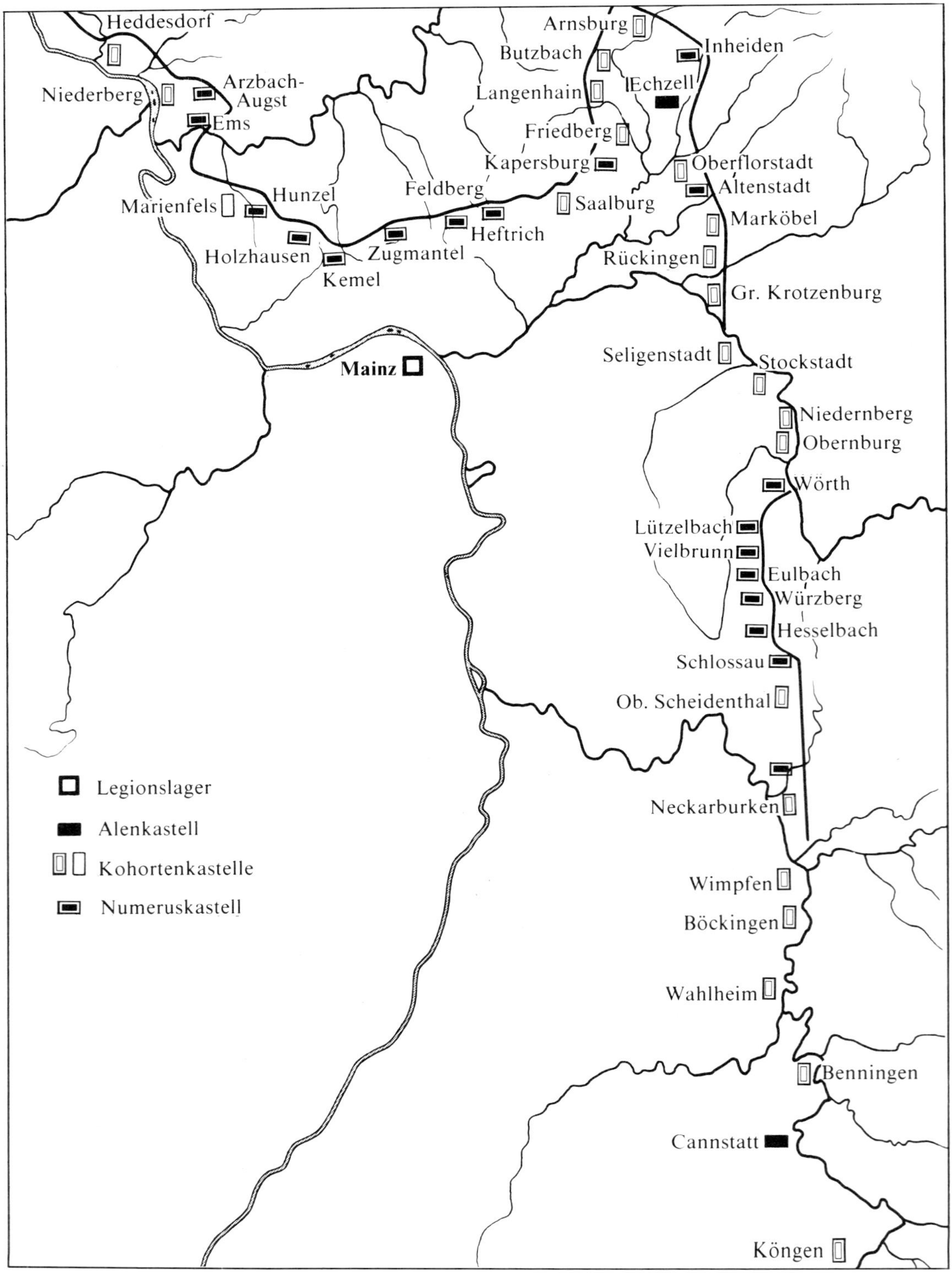
Heddesdorf
Niederberg
Arzbach-
Augst
Ems
Marienfels
Hunzel
Holzhausen
Kemel
Zugmantel
Feldberg
Heftrich
Kapersburg
Saalburg
Friedberg
Langenhain
Butzbach
Arnsburg
Inheiden
Echzell
Oberflorstadt
Altenstadt
Marköbel
Rückingen
Gr. Krotzenburg
Seligenstadt
Stockstadt
Mainz
Niedernberg
Obernburg
Wörth
Lützelbach
Vielbrunn
Eulbach
Würzberg
Hesselbach
Schlossau
Ob. Scheidenthal
Neckarburken
Wimpfen
Böckingen
Wahlheim
Benningen
Cannstatt
Köngen
Legionslager
Alenkastell
Kohortenkastelle
Numeruskastell

Bei der *Saalburg*, dem auf antiken Fundamenten in vollem Umfang wiederaufgebauten Kohortenkastell im Taunus bei Bad Homburg v. d. Höhe, wird der Zentralpunkt eines Limesbesuches erreicht.
»Das größte archäologische Bodendenkmal Mitteleuropas«, »das gewaltigste Römerwerk auf deutschem Boden«, mit diesen und ähnlichen Ausdrücken der Bewunderung und des Staunens haben Schriftsteller über das römische Deutschland den *obergermanisch-rätischen Limes* bedacht, die befestigte Grenze des Römerreichs, mit deren Bau etwa um 83 n. Chr. begonnen wurde und die sich in einer Länge von 548 Kilometer von dem schon genannten Punkt zwischen Bad Honnef und Rheinbrohl bis zur Donau bei Hienheim (westlich von Regensburg) erstreckte.
Die Befestigungen der Grenzlinie bestanden in ihrem letzten Bauzustand im obergermanischen Abschnitt (Rheinland-Pfalz, Hessen) aus Palisade, Graben und Wall und im Gebiet der Provinz Raetien (Baden-Württemberg, Bayern) auf einer Strecke von 166 Kilometer aus einer durchschnittlich 2,5–3 Meter hohen, 1,20 Meter breiten Steinmauer, im Volksmund »Teufelsmauer« genannt; denn ohne Zutun außermenschlicher Kräfte, so erschien es den erstaunten Völkern auf der anderen Seite, wäre dieses »Teufelswerk« wohl nie zustande gekommen.
An Wall und Mauer entlang standen im Abstand von 200 bis 1000 Meter etwa 900, acht bis zehn Meter hohe, von drei bis vier Mann besetzte Wachttürme (Wachtposten), ursprünglich aus Holz, seit der zweiten Hälfte des 2. Jahrhunderts n. Chr. aus Stein.
Hinter dieser Linie lagen einige Kilometer vom Limes entfernt im Abstand von acht bis zwölf Kilometer sechzig Kastelle oder, wie man sie auch genannt hat, »befestigte Garnisonen« zur Aufnahme der Verteidigungsstreitkräfte, die ausschließlich von Hilfstruppen (auxilia) gestellt wurden, und zwar für je ein Kastell 500 bis 1000 Mann einer cohors (Infanterie) oder ala (Kavallerie) oder eines gemischten Verbandes (cohors equitata = Infanterie mit Kavallerieabteilung).
Zu den regulären Truppen traten Anfang des 2. Jahrhunderts kleinere Einheiten für Beobachtungs- und Aufklärungszwecke, (numeri oder exploratores) die meist wegen ihrer Ortskenntnis aus Bewohnern der Gegend zusammengesetzt waren, in der sie stationiert waren. Sie unterstanden dem Kommandanten des nächstgelegenen Auxiliarkastells.
Die Grenztruppen waren innerhalb bestimmter Abschnitte den Legionskommandeuren in Mainz (XXII. Legion), Straßburg (VIII. Legion) und Regensburg (III. Italische Legion) unterstellt.
Die noch sichtbaren Reste des Limes sind größtenteils in Wäldern versteckt, wo sie gegen Zerstörung durch ackerbauliche Nutzung des Geländes geschützt waren. Sie bestehen aus mehr oder weniger langen Strecken des Erdwalles; in manchen Fällen ist auch der Graben noch erkennbar. Die rätische Mauer ist nirgendwo mehr im Original vorhanden. Der Verlauf ist im Gelände vielfach als ein mit Hekken und Büschen bestandener Rain oder als Schuttfläche von Mauerresten gekennzeichnet.
Von den meisten Limeswachttürmen sind nur mehr oder weniger kenntliche Steinhaufen oder geringe Erhebungen übrig geblieben. In einigen Fällen konnten erhalten gebliebene Grundmauern und aufgehendes Mauerwerk konserviert werden.
Verhältnismäßig zahlreich sind die meist auf private Initiative unter-

Saalburg
Von Bad Homburg v. d. H. folgt man der B 456 in Richtung Usingen.

Abb. linke Seite: Karte der Limeskastelle zwischen Heddesdorf und Köngen.

nommenen Rekonstruktionen von Wachttürmen an ihrem antiken Standort. Manche der Rekonstruktionen sind wissenschaftlich umstritten. So entspricht beispielsweise der Fachwerkbau des oberen Turmgeschosses nicht dem römischen Original. Die Mängel schmälern indessen nicht das Verdienst der Erbauer. Die wiederaufgebauten Wachttürme stellen einen wesentlichen Beitrag zur Vergegenwärtigung der römischen Vergangenheit in Deutschland dar.

Ähnlich steht es mit den Kastellen. Viele sind gänzlich verschwunden oder nur noch als mehr oder weniger erkennbare Spuren sichtbar. Von anderen ist, im Ganzen oder in Teilen, Mauerwerk von Türmen, Wehrmauern, von Innenbauten oder von dem zu jedem Kastell gehörigen Bad vorhanden. Es finden sich vereinzelt auch Rekonstruktionen. Die Saalburg als wichtigstes Beispiel ist schon genannt. Um den Limes kennenzulernen und zu erleben, muß man ihn »erwandern«.

Wer bei einer Wanderung durch Wälder den antiken Erdwall, so alt wie das Kolosseum in Rom, für sich selbst entdeckt, verspürt den »Zauberhauch« der Geschichte, der diesen ehrwürdigen Zeugen einer fast zweitausendjährigen Vergangenheit umgibt. Hier steht er an der Grenze des römischen Imperiums. Hier endete der römische Kultur- und Machtbereich. Auf der anderen Seite erstreckten sich die undurchdringlichen Wälder des Germanenlandes. Von hier führten die Wege zu den politischen und militärischen Zentren des Reiches. Wer den Limes unbefugt überschritt, brach den Rechtsfrieden und galt als Feind. Hier schanzten römische Soldaten, hier kämpften sie mit anstürmenden Germanen. Hier ertönten die Hörner und leuchteten in der Nacht die Lichtsignale, mit denen sich die Besatzungen der Wachttürme miteinander verständigten. An den Limesdurchgängen entwickelte sich ein lebhafter Warenaustausch zwischen

Limesturm bei Grab, 6 km südlich von Mainhardt.

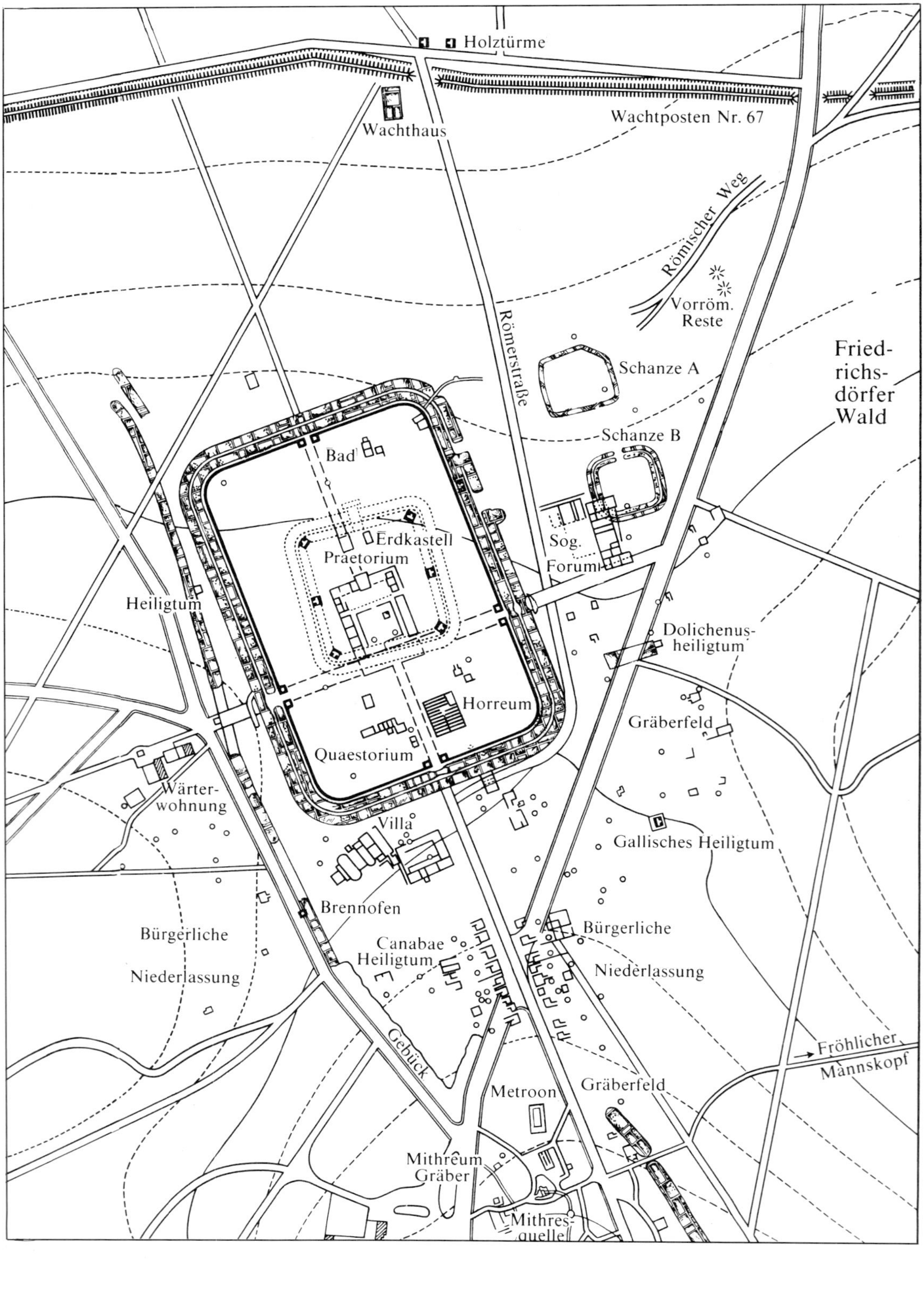
Holztürme
Wachthaus
Wachtposten Nr. 67
Römischer Weg
Römerstraße
Vorröm. Reste
Schanze A
Fried- richs- dörfer Wald
Schanze B
Bad
Erdkastell
Praetorium
Sog. Forum
Heiligtum
Dolichenus- heiligtum
Horreum
Gräberfeld
Quaestorium
Wärter- wohnung
Villa
Gallisches Heiligtum
Brennofen
Bürgerliche Niederlassung
Canabae Heiligtum
Bürgerliche Niederlassung
Gebück
Fröhlicher Mannskopf
Metroon
Gräberfeld
Mithreum Gräber
Mithres- quelle

dem römischen Militär und germanischen Händlern.

Für Limeswanderungen gibt es besondere Limesführer, beispielsweise von Baatz oder von Karl-Heinz Eckardt sowie umfassende, reich illustrierte Beschreibungen von Teilabschnitten (Willi Beck und Dieter Planck, »Der Limes in Südwestdeutschland« (1980); Günter Ulsert und Thomas Fischer, »Der Limes in Bayern« (1984); Egon Schallmeyer, »Der Odenwaldlimes« (1984). Vielfach ist der Verlauf des Limes auf regionalen Karten eingezeichnet und im Gelände durch Hinweisschilder (ein stilisierter Wachtturm, der Kopf eines römischen Soldaten) oder einfach durch das Wort »Limes« gekennzeichnet. Mancherorts sind besondere »Limeswanderwege« geschaffen worden (beispielsweise bei Walldürn).

Kehren wir zur *Saalburg* zurück. Die Rekonstruktion verdankt ihre Entstehung einer Anregung des letzten Deutschen Kaisers Wilhelm II., der den Wiederaufbau – nach einer Inschrift über dem Haupttor des Kastells – dem »ehrenden Andenken seiner Eltern« widmete. Das Kastell entspricht dem Normalschema von römischen Militäranlagen dieser Art: rechteckiger Grundriß mit abgerundeten Ecken, eine zinnenbewehrte Mauer, davor ein Graben, vier Tore, gewöhnlich mit doppelter Durchfahrt. Von Innenbauten sind das Getreidemagazin (horreum, als Museum eingerichtet), ein Haus unbekannter Benutzung (möglicherweise Quästur), die principia (Stabsgebäude) mit Exerzierhalle und Fahnenheiligtum (sacellum, aedes) und Waffenkammern beiderseits des Innenhofes rekonstruiert.

Auf das Haupttor (porta praetoria) zu führt die Straße von Nida, dem heutigen Frankfurter Stadtteil Heddernheim, in römischer Zeit Hauptort der civitas Taunensium und der nächstgrößere vom Lager erreichbare Ort. Rechts und links der Straße liegen die Reste des Lagerdorfes, links vom Haupttor die Grundmauern eines großen ehemaligen Badegebäudes.

Das *Saalburgmuseum* enthält bis auf wenige Ausnahmen nur Funde vom Gelände der Saalburg, darunter militärische Ausrüstungsgegenstände, Gegenstände des täglichen Gebrauchs, insbesondere Werkzeuge der verschiedensten Art. Als Seltenheit Ledersachen (Schuhe, Sandalen) und Holzgegenstände, die sich, von der Luft abgeschlossen, im Schlamm der zahlreichen Brunnen innerhalb und außerhalb des Kastells erhalten haben.

In der Exerzierhalle (Vorhalle über der via principalis, der Verbindungsstraße zwischen rechtem und linkem Lagertor) sind Modelle römischer »Artillerie« ausgestellt (Pfeil-, Wurf- und Schleudergeschütze).

Das Steinkastell stammt aus der Zeit Hadrians (117–138). Seine Besatzung war bis zur Aufgabe des Kastells um zweihundertsechzig die fünfhundert Mann starke, teilweise berittene Zweite Ranaeterkohorte römischer Bürger (cohors II Raetorum civium Romanorum equitata). Der Verlauf des Limes läßt sich in kurzer Entfernung vom Kastell nach beiden Richtungen im Wald gut beobachten.

Etwa 15 Kilometer südwestlich von der Saalburg liegen die konservierten Reste des »*Limeskastells am Kleinen Feldberg*« – Tortürme, die Lagerumwehrung und im Innern vor allem die Grundmauern des apsidenförmigen Fahnenheiligtums und der kellerartigen Vertiefung des Tresorraumes. In verkleinertem Maßstab bietet das Kastell ein Bild von der Saalburg vor ihrer Rekonstruktion – gut erhaltene Grundmauern des antiken Baues.

Kleiner Feldberg
(Limeskastell)
Von Königstein auf der B 8 4,5 km zur Abzweigung der Straße auf den Großen Feldberg, die man 2,5 km bis zum Parkplatz „Rotes Kreuz" oder „Heidenkirche" verfolgt. Von dort Fußweg zum Kastell am Kleinen Feldberg.

Linke Seite: Plan des Limeskastells Saalburg.

Limeskastell Saalburg.

Arzbach
Von der Autobahn 3 (E 5) Köln-Frankfurt Abfahrt Montabaur. Auf der B 49 13 km nach Neuhäusel. Dort links abbiegen und über Eitelborn nach Arzbach. Der Limesturm liegt etwa 1 km südlich von Arzbach. Oder von Bad Ems Abfahrt von der B 260 nach Norden über Kemmenau zum Limesturm.

Anhausen
Von Neuwied auf der Straße nach Dierdorf (Abfahrt von der B 42) nach 7,5 km zum Parkplatz „Heidegraben" (rechts von der Straße). Dort Hinweisschilder zum Kastell Anhausen und zum Limesabschnitt „Heidegraben".

Bendorf-Sayn
Der Weg zum Römerturm auf dem Pulverberg beginnt am Nordausgang von Sayn (Katholische Pfarrkirche). Durch das Brexbachtal bis zum zweiten Eisenbahnviadukt. Hier auf einer Holzbrücke über den Brexbach. Der Weg führt, zum Schluß in Serpentinen, zum Römerturm. Nach Sayn gelangt man von Neuwied auf der B 42, Abzweigung Dierdorf in Bendorf.

Bad Ems
18 km von Koblenz; 20 km von Montabaur. Zum Limesturm auf dem Wintersberg links der Lahn über die Braubacherstraße oder vom Bahnhof auf der Wintersbergstraße bis zu dem Punkt, an dem der Limes-Wanderweg nach links von der Straße abbiegt. Man verfolgt den Weg bis zum Turm.

Das Kastell am Kleinen Feldberg war eines von den kleinen zwischen den Hauptkastellen verstreut liegenden Numeruskastellen. Die Besatzung war eine etwa hundertfünfzig Mann starke, aus der einheimischen Bevölkerung rekrutierte Kundschafterabteilung, die »Exploratio Halicanensium Alexandriana«, und unterstand der im Saalburgkastell stationierten II. Raeterkohorte, die sie beim Wachdienst, vor allem in den hier schwer zugänglichen Waldgebieten, unterstützte.

Bevor der Limes vom Standort der Saalburg weiter nach Norden, Osten und Süden verfolgt wird, hier einige Hinweise auf sehenswerte Limesabschnitte von seinem Ursprung zwischen Bad Hönningen und Rheinbrohl bis in die Taunusgegend.

Die rekonstruierten Limestürme am caput limitis und im Ortsteil Oberbieber von Neuwied sind schon erwähnt.

Von Oberbieber an der Straße nach Dierdorf in der Nähe von *Anhausen* liegt ein besonders gut erhaltenes Teilstück von Wall und Graben. Der Limes führt hier den Namen »Heidegraben« und ist über mehrere Kilometer im Wald gut sichtbar. Von dem Kleinkastell Anhausen an dieser Limesstrecke sind nur im einzelnen schwer erkennbare Reste erhalten – Erdhügel und das Brunnenloch. Zur Zeit der Ausgrabung des Kastells zu Beginn dieses Jahrhunderts stand die Umfassungsmauer noch meterhoch hoch über dem Boden (wie der Verfasser sie noch gesehen hat, zusammen mit Ziegelstempeln der XXII. Legion).

Etwa vier Kilometer nach der Wendung des Limes in südwestliche Richtung steht auf dem *Pulverberg bei Bendorf-Sayn* ein schon 1912 im Zusammenhang mit der Erforschung des Limes in dieser Gegend rekonstruierter Wachtturm. Zur Zeit seines Wiederaufbaus war das Gelände um den Turm frei von Bäumen. Von seinem oberen Rundgang aus bot sich eine weite Fernsicht über das Rheintal. So hatte die römische Turmbesatzung das Land gesehen (und auch der Verfasser in seiner Jugend). Inzwischen ist der Wald um den Turm zugewachsen, und der Turm hat seine ihm von den Römern zugedachte Funktion als Aussichtsturm eingebüßt.

Von diesem Schicksal dürfte der bei *Arzbach* nördlich von Bad Ems auf dem 422 Meter hohen »Großen Kopf« rekonstruierte Wachtturm (»Stefansturm« genannt) bewahrt bleiben. Mit dem Wiederaufbau war ausdrücklich das Ziel verfolgt worden, einen Aussichtsturm zu schaffen. Von den bisher genannten Rekonstruktionen unterscheidet sich der Stefansturm durch eine Bohlenkonstruktion über dem Steingeschoß.

Der Limes verläuft von hier in südwestlicher Richtung nach *Bad Ems* mit einem auf dem Wintersberg oberhalb der Stadt ganz in Stein wiederaufgebauten Wachtturm. Er war 1874 nach einer in lateinischer Sprache verfaßten Inschrift zu Ehren Kaiser Wilhelms I., »des größten Siegers über Gallien und Wiederherstellers der deutschen Einheit« von den Bürgern der Stadt auf römischen Fundamenten errichtet worden. (Neuerlichen Berichten zufolge ist der Turm zu einem Café umfunktioniert worden).

Von Bad Ems führt ein Limeswanderweg nach *Holzhausen auf der Haide*. Dort befinden sich ein besonders gut erhaltener Limesabschnitt mit Wall und Graben und die konservierten Ruinen eines Kohortenkastells (erhalten ist die Steinmauer der vier Torbauten, der vier Kastellecken und des Fahnenheiligtums).

Marmorbüste eines Philosophen, 2. Jh. n. Chr. (Wetterau-Museum Friedberg).

Bei *Neuhof* im Taunus nördlich von Wiesbaden (an der B 417) ist im Zusammenhang mit Resten des Kastells *Zugmantel* im Rahmen eines »Archäologischen Wanderweges« ein Limesabschnitt mit Wachtturm, Wall, Graben und Palisade rekonstruiert. Von der *Saalburg* wendet sich der Limes scharf nach Norden. Etwa sechs Kilometer von der Saalburg entfernt liegen die Ruinen des Kastells *Kapersburg* (bei Pfaffenwiesbach). Auf dem nahen Gaulskopf hat der amerikanische »Strumpfkönig« Gustav Oberländer 1926 auf römischen Fundamenten einen steinernen Wachtturm errichten lassen, als er in Bad Nauheim zur Kur weilte.

Friedberg in Hessen hat bis heute ein Zeugnis seiner römischen Vergangenheit bewahrt, von dem es nirgendwo sonst im römischen Deutschland etwas Vergleichbares gibt.

Neuhof i. Taunus

Nördlich von Wiesbaden an der B 417 (12 km). 2,5 km nördlich von Neuhof Parkplatz „Römerturm". Hier der rekonstruierte Wachtturm mit Palisade und gut erhaltenem Limesabschnitt.

Butzbach
44 km von Frankfurt; 22 km von Wetzlar. Den römischen Wachtturm auf dem Schrenzer im Westen der Stadt erreicht man über die Kleebergerstraße.

Auf dem Burgberg, der jetzt die mittelalterliche Stauferburg trägt, lag seit der Frühzeit der Römerherrschaft ein Kastell, in dessen Nachbarschaft, wie üblich, ein Lagerdorf entstand. Der charakteristische Grundriß dieser Siedlung ist bis heute im Stadtplan erhalten. »Die breite Straße am Haupttor der Burg beginnend, wird zu beiden Seiten von einer Flucht von Geschäftshäusern begleitet, die nur wenige Meter Straßenfront, aber eine Tiefe von 30, 40 und mehr Metern haben – die typische Lagervorstadt der römischen Grenzprovinz« (Pörtner »Fahrstuhl« S. 182 f.) »Diese mittelalterlich schmalen, aber weit nach hinten reichenden Parzellen, die möglichst vielen Eigentümern Anteil an der Marktstraße erlauben, entsprechen in ihrer Funktion genau den gleichartigen römischen canabae« (Schleiermacher, Der römische Limes in Deutschland, 1967).

Friedhöfen der Umgebung und vom Kastell Kapersburg. Neben einer Vielzahl von Altären und Kultsteinen zum Mithras- und Eponakult ist u.a. die im römischen Friedberg hergestellte »Wetterauer Ware«, ein am Sigillatavorbild orientiertes Speisegeschirr, erwähnenswert.

Auf dem Johannisberg, der steilen Anhöhe nordwestlich von *Bad Nauheim*, wurden 1909 die bis zur Höhe von zwei Meter erhaltenen Grundmauern eines römischen Signal- oder Straßenturms ausgegraben und konserviert. Im Innern fanden sich noch Reste eines Fußbodenbelages aus rautenförmigen Ziegelplättchen.

In *Butzbach* ist auf dem Schrenzer innerhalb eines gut sichtbaren Limesabschnittes das Beispiel eines hölzernen Wachtturms aus der Frühzeit des Limesbaues zu sehen. In einiger Entfernung unterhalb des Schrenzers liegt die amerikani-

Zwei Bronzeanhänger aus dem Anfang des 1. Jh. n. Chr., wahrscheinlich Teil eines Pferdegeschirrs (Wetterau-Museum Friedberg).

Im Keller des Aufbaugymnasiums, Burg 10, sind die Reste einer römischen Badeanlage konserviert. Das *Wetterau-Museum* (Haagstr. 16) beherbergt römische Funde vom Gelände des Kastells, der bürgerlichen Siedlung, von römischen

sche Siedlung »The Roman Way Village« für Angehörige von Mitgliedern der in Butzbach stationierten amerikanischen Streitkräfte. Bei den Bauarbeiten für die Siedlung Anfang der 50er Jahre stieß man auf römisches Mauerwerk. Es

Genius-Statue aus dem Kastell Kapersburg (Wetterau-Museum Friedberg).

Weihestein der keltischen Pferdegöttin Epona, 202 n. Chr., Kastell Kapersburg (Wetterau-Museum Friedberg).

stellte sich heraus, daß man das Lagerdorf eines bei Butzbach gelegenen Kastells entdeckt hatte. Eine Konservierung der Grundmauern und anderer Besonderheiten des Lagerdorfes, wie Abwasserkanäle und Hypokausten, war nicht möglich. Die amerikanische Siedlung steht nun auf dem Areal des römischen Lagerdorfes – daher ihr Name – und erfüllt nach fast zweitausend Jahren den gleichen Zweck wie ihr römischer Vorgänger. Das Lagerdorf war, wie die Stempel erwiesen, mit Ziegeln der XXII. Legion gebaut worden. Bauherr für die amerikanische Siedlung war das 22. Infanterieregiment der amerikanischen Armee. Dieses Beispiel »historischer Kontinuität« erregte damals einiges Aufsehen.

Knapp 10 Kilometer von Butzbach entfernt erreicht der Limes bei *Pohlheim-Grüningen* (Pohl = Pfahl = Pfahlgraben) seinen nördlichsten Punkt. Er zieht dann 14 Kilometer nach Osten und dreht bei Hungen scharf nach Süden.

Mit dieser Linienführung gelang es, die fruchtbare Wetterau dem römischen Staatsgebiet einzugliedern.

Der Limes ist in der Gegend der Nordschleife gut erhalten; der Verlauf nach Osten ist im Gelände durch Buschwerk und Hecken gekennzeichnet.

Den nördlichen Scheitelpunkt markiert ein 1968 errichteter Wachtturm; der zugehörige Limesabschnitt ist mit Wall, Graben und Palisade rekonstruiert. 1912 hat der Gießener Arzt Dr. Robert Sommer an dieser Stelle ein Erinnerungsmal in Form eines römischen Weihesteins errichten lassen mit folgender Inschrift: »Memoriae Romanorum Barbarus« (Den Römern zum Gedächtnis ein Barbar). Auf der Rückseite steht zu lesen: »Robertus Sommer cum uxore civis Giessensis« (Robert Sommer, ein Gießener Bürger, mit seiner Frau).

Auf seinem Verlauf nach Süden erreicht der Limes bei *Großkrotzenburg* den Main, der von hier ab zunächst bis *Wörth*, seit der Mitte des 2. Jhdts. bis *Miltenberg* die »nasse Grenze« des Reiches bildete.

Miltenberg a. Main
40 km von Aschaffenburg; 70 km von Heidelberg.

Brunnenmaske aus Niedernberg in Form eines Silenkopfes, 1.–2. Jh. n. Chr. (Museum der Stadt Aschaffenburg).

Aschaffenburg auf dem rechten Mainufer hat zwar niemals zum Römischen Reich gehört, ist aber wegen der Sammlung von Römerfunden, insbesondere von hochinteressanten Weihesteinen für römische, einheimische und orientalische Gottheiten aus den Kastellen Stockstadt, Niederberg und Obernburg im *Stiftsmuseum der Stadt* ein Anziehungspunkt ersten Ranges auf einer Reise durch das römische

Pohlheim-Grüningen
Von Butzbach nach Lang-Göns. Von dort in Richtung Holzheim nach Grüningen (an der Gabelung des Weges nach Holzheim ist der Limes gut sichtbar). Nach Verlassen des Ortsteiles Grüningen auf der Straße nach Gießen wird der Limesturm auf dem Sandberg links sichtbar.

Deutschland. Die Inschrift auf einem der Steine »bewahrt bis heute die Geschichte einer Krankheit und wunderbaren Genesung«. Von besonderer Bedeutung ein vorzüglich erhaltener bronzener Wasserspeier in der Form eines Silenkopfes (»im Kulturnachlaß des römischen Imperiums konnte bisher noch kein weiteres Beispiel für die Verwendung einer Silenmaske als Wasserspeier nachgewiesen werden»).

Aschaffenburg
41 km von Frankfurt, 73 km von Würzburg, 41 km von Darmstadt. Stiftsmuseum der Stadt Aschaffenburg am Stiftsplatz (Stiftskirche). Zum Pompejanum vom Schloß zu Fuß durch den Schloßgarten oder mit dem Wagen von der Hanauer Straße (B 26) links in die Pompejanumstraße.

Von der Terrasse des Aschaffenburger Schlosses aus gesehen erscheint als ockergelber Farbfleck in der Mainlandschaft das »Pompejanum«, kein antikes Denkmal, sondern ein Sommerschloß, das König Ludwig I. von Bayern in romantischer Rombegeisterung 1840/48 im Stil der pompejanischen Villa »Castor und Pollux« inmitten von mediterranem Pflanzenwuchs für sich erbauen ließ. Der Bau wurde im Zweiten Weltkrieg weitgehend zerstört, ist aber wiederhergestellt und soll als Museum dienen.

Von Aschaffenburg aus lassen sich Abstecher zu zwei wichtigen Museen mit römischen Funden machen: zum *Kreis- und Stadtmuseum* in *Dieburg* (Schloß Fechenbach) mit einem berühmten Mithras-Kultbilt, das 1926 in den Resten eines am Ostrand der Stadt gelegenen Mithrastempels entdeckt wurde (im 2. und 3. Jahrhundert n. Chr. war Dieburg Verwaltungsmittelpunkt der Civitas Auderiensium) und zum *Hessischen Landesmuseum* in *Darmstadt* mit dem Figurenmosaik einer Versammlung von Seegottheiten (Meeresthiasos), das 1848 in Bad Vilbel bei Frankfurt zwischen den Fundamenten einer römischen Therme gefunden wurde. Außerdem der Bronzekopf eines Knaben, »vielleicht die bezauberndste Bronze in ganz Deutschland«, und ein künstlerisch besonders wertvoller »Viergötterstein«.

Dieburg
32 km von Frankfurt; 15 km von Darmstadt. Kreis- und Stadtmuseum im Schloß Fechenbach.

Darmstadt
21 km von Frankfurt. Das Hessische Landesmuseum am Friedensplatz liegt in der Stadtmitte im Zuge Bleichstraße-Alexanderstraße.

Mithraskultbild aus Dieburg.

Felsenmeer
Von Bensheim auf der B 47 (Nibelungenstraße) nach Reichenbach. Abzweigung nach Beedenkirchen-Lautern zum Parkplatz „Römersteine" im „Naturpark Bergstraße-Odenwald". Dort Hinweisschilder für eine Wanderung zu den Römersteinen.

Michelstadt
25 km von Eberbach; 40 km von Bensheim. 6 km von Michelstadt auf der B 47 nach Amorbach liegt links der Englische Garten von Eulbach.

Obernburg a. Main
20 km von Aschaffenburg; 18 km von Miltenberg. Das Museum „Römerhaus" befindet sich auf der Mainstraße 1.

Eulbach
Auf der Straße Michelstadt-Amorbach nach 10 km links der Englische Garten von Eulbach mit Römersteinen.

Von Darmstadt führt ein lohnender Ausflug zum *Felsenmeer am Felsberg,* einem römischen Steinbruch mit zahlreichen gut erhaltenen Werkstücken römischer Steinmetzen und Beispielen römischer Steinbearbeitung.

Das Felsenmeer lieferte den Römern den für die Säulen von Prachtbauten und als Sockel von Weihealtären begehrten Granit. (Der sog. »Domstein«, Bruchstück einer Säule des »Quadratbaues« Kaiser Gratians im Trierer Dom, vor dem Südwestportal des Doms, stammt aus dem Odenwald-Felsenmeer.) Hinweise für Wanderungen zu den unvollendet gebliebenen römischen Werkstücken, »die heute noch gigantenhaft unter den Buchen liegen«, enthält eine Tafel am Parkplatz.

Das Felsenmeer bietet außerdem eine einzigartige Gelegenheit zu Wanderungen in einer herrlichen Waldlandschaft, verbunden mit der Beobachtung von Zeugnissen aus der römischen Vergangenheit.

Obernburg am Main, der nächste Haltepunkt auf dem Weg von Aschaffenburg nach Süden am Main entlang, war Standort von Kastellen für eine teilweise berittene Kohorte und für eine Aufklärungsabteilung sowie einer Straßenpolizeistation. Zeugnisse der letzteren sind wegen der hohen Qualität der bildhauerischen Ausführung sehenswerte Weihesteine von Straßenmeistern (beneficiarii consularis). Mit diesen Weihungen dankten die Stifter am Ende ihrer Dienstzeit dem höchsten Gott Jupiter und, um nicht durch Auslassen eines Namens den Zorn der beleidigten Gottheit zu erregen, »vorsichtshalber« allen anderen Göttern und Göttinnen (»dis deabusque omnibus«, »ceterisque dis deabusque immortalibus«) dafür, daß der Dienst wohl ohne ernsthafte Zwischenfälle verlaufen war.

Die Steine sind im *»Römerhaus Obernburg«* ausgestellt. Sie waren – was ihre hohe Qualität erkennen läßt – Teil der in Köln 1975 veranstalteten Ausstellung »Das Bild der alten Welt«, auf der besonders bedeutsame Denkmäler römischer Zivilisation in Deutschland gezeigt wurden. Die Straßen des Kastells zeichnen sich noch heute im Kern der Obernburger Altstadt ab.

Bei *Wörth* begann der sogenannte Odenwald-Limes, bevor die Grenze unter Kaiser Antoninus Pius etwa 150 n. Chr. um 30 Kilometer nach Osten vorgeschoben wurde. Bei Bad Wimpfen traf der Limes auf den Neckar. Sehenswerte Punkte liegen in seinem oberen und mittleren Abschnitt; sie lassen sich am besten von *Michelstadt* aus erreichen.

Auf der Straße nach Amorbach (B 47) trifft man nach etwa sechs Kilometern beim Jagdhaus *Eulbach* auf den »Englischen Garten« der Grafen zu Erbach-Erbach. Friedrich-Ludwig von Sckell, der Schöpfer des Englischen Gartens in München, hat ihn 1802 angelegt, und Graf Franz von Erbach-Erbach, der letzte regierende Graf, hat ihn im Geschmack seiner Zeit mit romantischen Ruinen geschmückt, die ihm die zahlreichen in seinem Gebiet vorhandenen und längst zerfallenen Römerbauten des Odenwaldlimes lieferten. So ließ er von zwei in der Nähe von Eulbach gelegenen Römerkastellen je ein Tor aus Steinen der Fundstelle wiederaufbauen – in etwas phantastischer Weise, wie Baatz bemerkte, der sie aber als »liebenswerte Zeugnisse einer frühromantischen Bemühung um das Verständnis des Limes« gelten läßt.

Außerdem befindet sich im Park noch der Sockel eines steinernen Wachtturms sowie ein aus Steinen des Kastells Würzberg bestehender Obelisk, eine Nachahmung in ver-

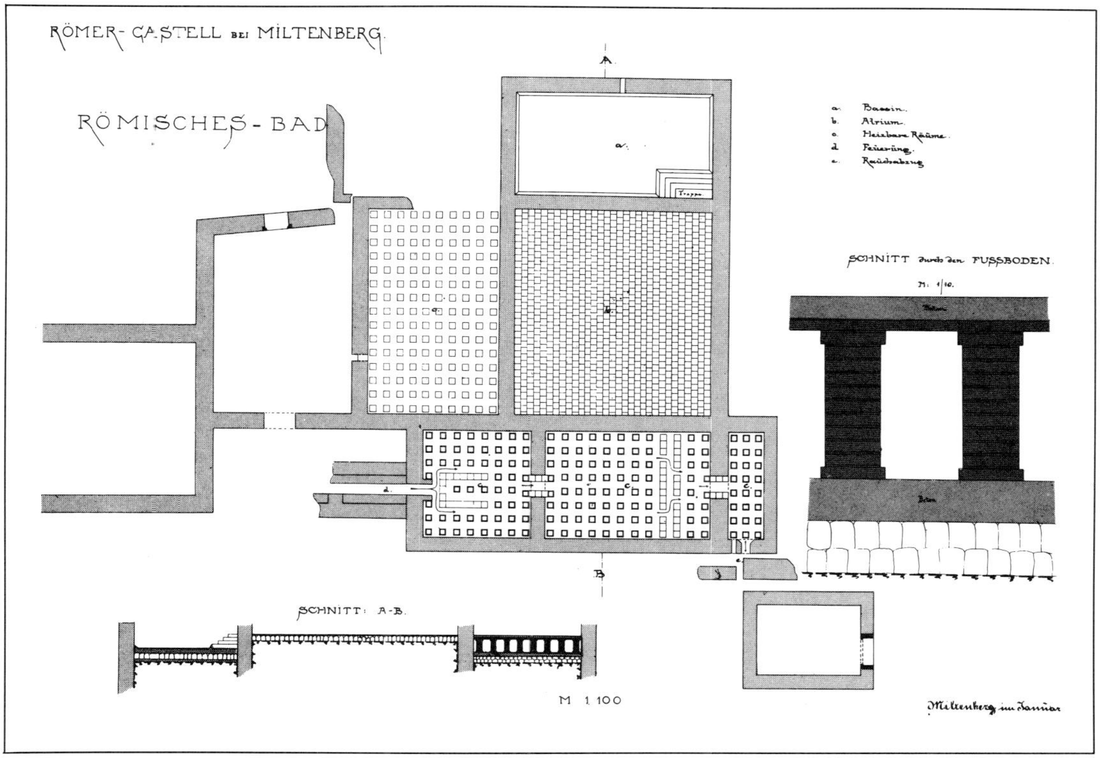

Plan des römischen Kastellbades Miltenberg.

kleinertem Maßstab des Obelisken vom Sonnentempel in Heliopolis auf der Piazza del Popolo in Rom. Weihe- und Grabsteine römischer Soldaten vervollständigen das kleine Freilichtmuseum im Eulbacher Park.

Erfreulicherweise nicht an einen fremden Platz verschleppt, sondern an ihrer Fundstelle sorgfältig konserviert ist die Ruine der Badeanlage des Kastells von *Würzberg* – im Wald verborgen etwa fünf Kilometer südlich von Eulbach auf dem Weg nach Breitenbuch. Das kleine Bad gehört zu den am besten erhaltenen Römerbauten des Odenwaldlimes. Verfolgt man den Limes von Breitenbuch etwa zehn Kilometer nach Süden, gelangt man im Waldbezirk »Schneidershecke«, etwa zwei Kilometer westlich von *Schlossau,* zu einer Turmruine mit einer ungewöhnlichen Geschichte. Bei ihrer Entdeckung im Jahre 1884 stand man vor einem Rätsel. Im Steinschutt des Turmes lagen drei prachtvolle Sandsteinstatuen. Sie wurden als Bildnisse der Göttinnen Victoria und Salus und des Kriegsgottes Mars gedeutet. Wie kamen diese Standbilder in die Waldeinsamkeit eines Limeswachtturmes? Es ließ sich feststellen, daß die Statuen ursprünglich im Fahnenheiligtum des alten Kastells Oberscheidental gestanden hatten. Als Kastell und Wachtturm infolge der Vorverlegung des Limes ihre militärische Bedeutung verloren, wurde der Turm – aus welchen Gründen auch immer – in ein Heiligtum umgewandelt und die Statuen dorthin gebracht.

Würzberg

Von der B 47 biegt man bei Eulbach nach rechts ab. Nach etwa 2 km (die Straße führt am Limes entlang) erreicht man Würzberg. Man durchfährt den Ort auf der Straße nach Breitenbuch (scharfe Rechtskurve am Ortsausgang) bis zum Parkplatz Römerbad.

Schlossau

Zu den Römertürmen in der Schneidershecke gelangt man von der Straße Eberbach-Amorbach. An der Kreuzung mit der Straße Mudau-Hesselbach wendet man sich in Richtung Schlossau-Mudau. Nach ungefähr 500 Metern ein Hinweisschild.

Hausen a. d. Zaber
Von Heilbronn 8,5 km auf der Straße Nordheim-Brackenheim-Bretten nach Nordheim-Hausen. Scharf links 2 km nach Hausen.

Neckarburken
Von Eberbach auf der B 37 24 km nach Mosbach. Von dort nach links auf der B 27 nach Neckarburken mit der Kastellbadruine.

Lauffen a. Neckar
11 km von Heilbronn; 38 km von Stuttgart. Auf der Autobahn Stuttgart-Heilbronn zur Ausfahrt Ilsfeld. Von dort ungefähr 7 km bis zum Freilichtmuseum der römischen Gutsanlage.

Oberriexingen
In Bietigheim-Bissingen Abzweigung von der B 27 in Richtung Vaihingen. Über Unterriexingen 3 km nach Oberriexingen. – Von Stuttgart Zuffenhausen-Feuerbach auf der B 10 über Schwieberdingen nach 12 km zur Abzweigung nach Pulverdingen-Oberriexingen. Unmittelbar nach Überqueren der Enz und Eintritt in den Ort wendet man sich nach links. Hinweisschilder zum „Römerkeller" im Ort.

Die Originale der Standbilder und eine ebenfalls beim Turm gefundene Bauinschrift befinden sich im Badischen Landesmuseum in Karlsruhe, Abgüsse der Statuen im Limesmuseum in Aalen.

Neckarburken, etwa 17 Kilometer südlich von Schlossau, war Standort eines Kohorten- und eines Numeruskastells. Reste eines Badegebäudes und des Westtores des Numeruskastells sind neben der B 27 freigelegt und konserviert.

Bevor man sich zurück nach Norden wendet, um die schnurgerade Strecke des »vorderen« oder »äußeren« Limes von Miltenberg bis Welzheim zu erkunden, lassen sich von Heilbronn aus drei sehr empfehlenswerte Römerstätten besichtigen:

Bei *Lauffen am Neckar,* etwa fünf Kilometer südlich von Heilbronn, sind in einem Freilichtmuseum unter dem Thema »Der Gutshof, die Landwirtschaft und der Weinbau in römischer Zeit im Neckartal« die Grundmauern eines großen römischen Gutshofes (villa rustica) konserviert.

Die Anlage besteht aus vier auf einem mauerumschlossenen Hof gelegenen Gebäuden; eines davon wird als »älteste Kelter im Lande« angesehen (»Tretkeltern«, in denen die Weintrauben durch Treten – »calcatura« Kelter gepreßt wurden, sind aus dem Moselgebiet bekannt).

Der vorzügliche Erhaltungszustand des Mauerwerks und die durch Jahrhunderte ungestört gebliebene Vollständigkeit des Gebäudekomplexes haben im wesentlichen zu dem Entschluß aller Beteiligten – Behörden der allgemeinen Verwaltung, der Denkmalpflege, Eigentümer – beigetragen, das auch durch seine Lage über dem Neckartal ausgezeichnete Anwesen als instruktives Beispiel eines römischen Gutsbetriebes zu erhalten.

Wenige Kilometer westlich, bei *Hausen a. d. Zaber,* ist an ihrem Fundort innerhalb eines römischen Gutshofes eine Jupitergigantensäule wieder aufgerichtet worden. Sie setzt sich zusammen aus Bruchstükken, die 1964 beim Ausheben einer Baugrube gefunden wurden (die Originale sowie eine Nachbildung in Kunststein befinden sich im Lapidarium in Stuttgart [»Im Fruchtkasten«, Schillerplatz]). Die Säule ist gekrönt von der Gestalt Jupiters, der triumphierend über einen am Boden liegenden Giganten hinwegreitet. Reliefs auf der Säule stellen neben Götterbildern die Gottheiten der Wochentage und die vier Jahreszeiten dar und symbolisieren den »ewigen Jahresablauf, über den der höchste Gott als Sieger über die Urkräfte der Erde (die Giganten) gebietet«.

Jupitergigantensäulen sind am Mittelrhein und im Neckartal häufig. Sie sind »Ausdruck der Religiosität der Landbevölkerung, die mit derartigen Weihungen den Schutz der Götter für das Gedeihen der Ernte zu sichern suchte«.

Ein durch seine wirklichkeitsgetreue Atmosphäre besonders eindrucksvolles Denkmal aus der Römerzeit ist der »Römerkeller« im Haus Weilerstraße 14/16 in *Oberriexingen* (etwa 17 Kilometer südlich von Lauffen und auf der B 27 über Bietigheim-Bissingen zu erreichen).

Der Keller wude 1957/58 bei Ausschachtungen für Neubauten entdeckt und gehörte zu einer in ihren Grundrissen noch feststellbaren villa rustica aus dem 2./3. Jahrhundert n.Chr. »Daß die römischen Baureste konserviert und der Öffentlichkeit zugänglich gemacht werden konnten, ist das Verdienst des Altbürgermeisters Louis Geiger, der das Grundstück kurzerhand erwarb, als die Erhaltung der archäologisch wertvollen Baureste

gefährdet erschien.« In seinem Originalzustand mit sorgfältig gearbeitetem Mauerwerk, Wandnischen, schräg nach oben gerichteten Lichtschächten und einem für römische Keller charakteristischen Steintisch bietet der Keller das Bild einer Vorratskammer, wie sie die Bewohner der Villa genutzt hatten.
Dem Keller angegliedert ist ein kleines *Museum* mit Römerfunden aus der Umgebung und, als Meisterwerk lebendiger Darstellungskunst besonders sehenswert, ein Diorama mit Szenen aus Weinbau und Weinhandel in römischer Zeit. Der Römerkeller ist Zweigstelle des Württembergischen Landesmuseums Stuttgart.
Miltenberg am Main, Endpunkt der »nassen« Reichsgrenze und Anfangspunkt des »vorderen« oder »äußeren« Limes, hat außer einer beachtlichen Sammlung von Kleinfunden und Steindenkmälern im *Heimatmuseum* in der »Amtskellerei am Schnatterloch« keine sichtbaren Reste von Römerbauten bewahrt, obwohl dort eine Kundschafterabteilung gelegen hatte.

Plan des Kastells Miltenberg.

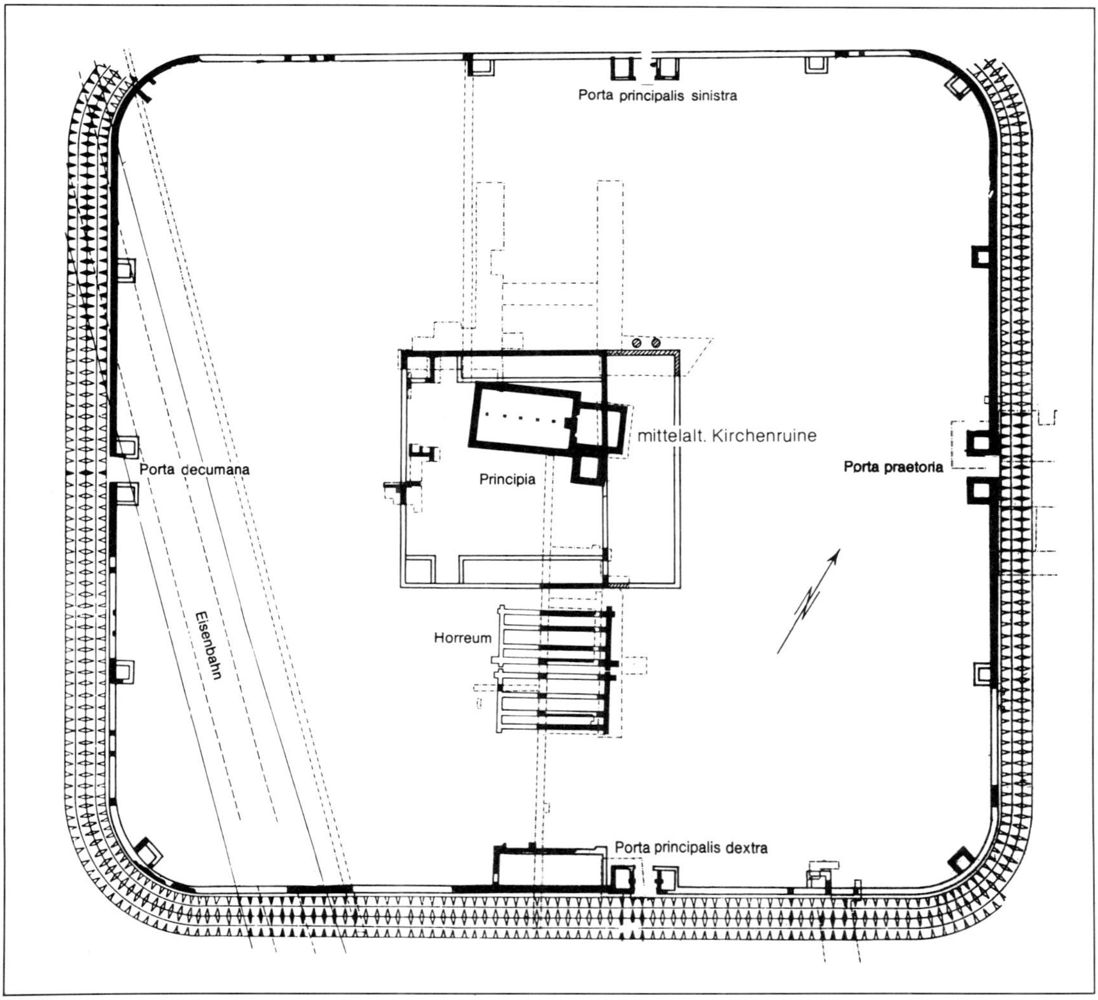

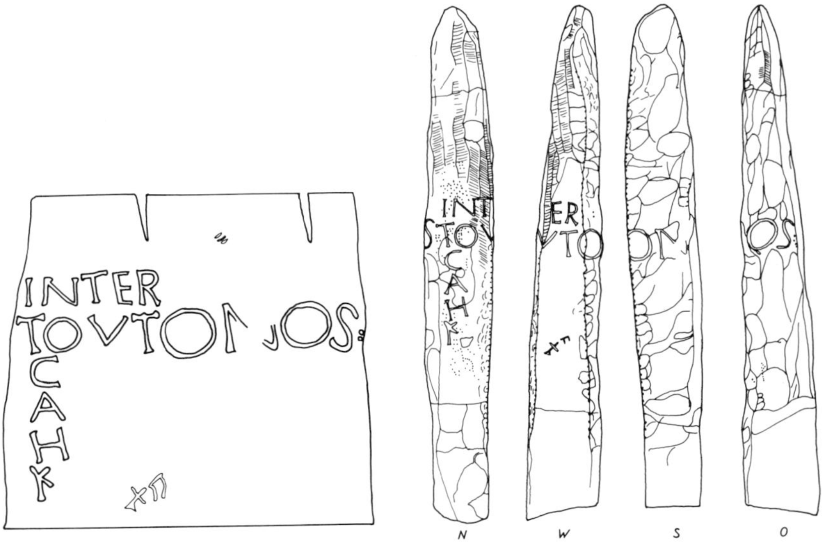

rechts
Abwicklung der Säuleninschrift und Seitenansichten des Teutonensteins, Original im Hof der Mildenburg.

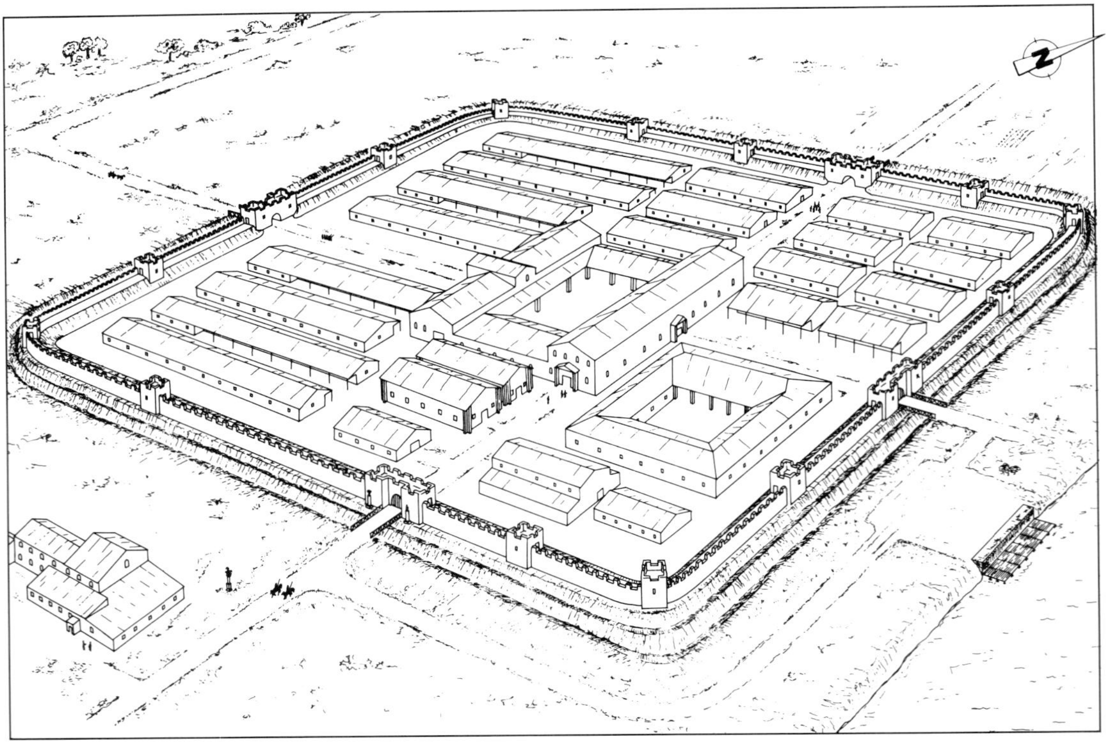

Rekonstruiertes Altstadtkastell von Miltenberg mit Militärbad und Hafenanlage.

Das Kastellgelände ist vollständig überbaut.
Der Mangel an römischen Überresten wird indessen ausgeglichen durch den geheimnisvollen »Toutonenstein« im Hof des Schlosses, ein Denkmal von hohem geschichtlichen Interesse, das viele Rätsel aufgegeben hat. Möglicherweise handelt es sich um eine unvollendet gebliebene Grenzmarkierung zwischen Germanenstämmen aus der Frühzeit ihrer Berührung mit dem Römerreich (Näheres in »Die Römer in Deutschland«, S. 202). (Der Verfasser entdeckte einen Abguß des Toutonensteins im Museo della Civiltà Romana in Rom – ein Beweis für seine geschichtliche Bedeutung.)

Von *Walldürn,* dem nächsten Ziel, erstreckte sich der Limes auf eine Strecke von 80 Kilometer als schnurgerade Linie bis nach *Welzheim.* Sein geradliniger Verlauf ist heute noch durch die Lage der Nachfolgesiedlungen römischer Limeskastelle (*Osterburken, Jagsthausen, Öhringen, Mainhardt, Murrhardt*) auf der Landkarte erkennbar.

Etwa zwei Kilometer südlich der Stadtgrenze von Walldürn lag auf einem flachen Hochplateau – der Flurname »Alteburg« erinnert noch daran – das Kastell einer Kundschafterabteilung. Die Grundmauern des Kastellbades etwa 100 Meter nordwestlich des Kastells sind konserviert.

Die Inschrift auf einem 1897 im Umkleideraum (Apodyterium) des Bades gefundenen Altar der »Fortuna balineum« berichtet Einzelheiten aus der Geschichte des Bades. Danach hatte die Kastellbesatzung das Bad, nachdem es durch Alter baufällig geworden war (»vetustate conlapsum«) wiederaufgebaut, und zwar unter dem Kommando (»curam agente«) von T. Flavius Romanus, einem centurio der XXII. Legion. Auch das exakte Datum des Tages, an dem der Stein geweiht wurde, ist überliefert: »idibus Augustis Lupo et Maximo consulibus« (13. August 232 n. Chr.). (Ein Abguß des Altarsteins befindet sich an der Fundstelle, das Ori-

Walldürn
23 km von Miltenberg. Die römische Badruine liegt südöstlich an der Straße nach Waldstetten. Den Limeslehrpfad erreicht man über Seestraße, Eisenbahnüberführung, Hebelstraße zum Waldrand und Parkplatz.

Paradeschildbuckel (Museum der Stadt Miltenberg).

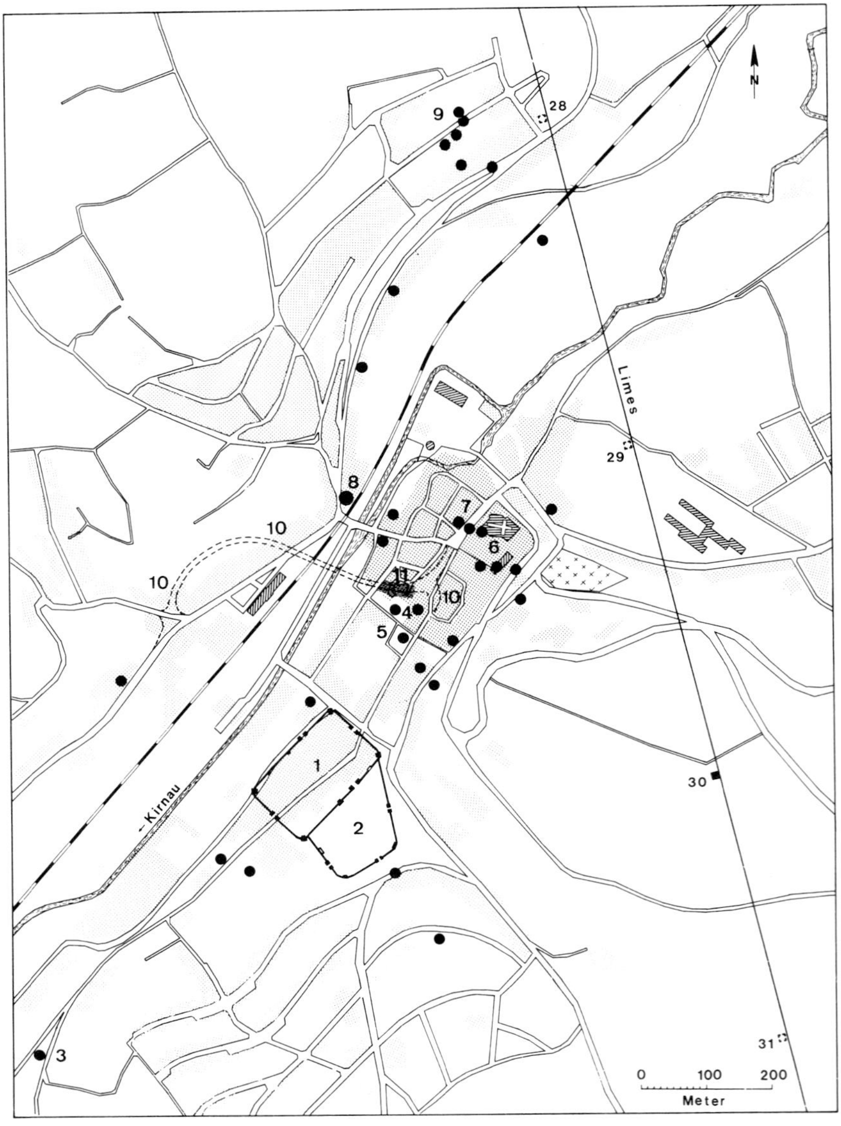

Gesamtplan von Osterburken. 1 Kohortenkastell, 2 Numeruskastell, 3 Villa rustica, 4 Kastellbad II, 6, 7 Fundstellen von Weihealtären bei der Kilianskirche, 8 Fundstelle des Mithraskultbildes, 9 Gräberfeld, 10 Verlauf der neuen Ortsdurchfahrt in Osterburken, 11 Benefiziarier-Weihebezirk.

ginal im Badischen Landesmuseum in Karlsruhe).

Osterburken
50 km von Heilbronn; 29 km von Bad Mergentheim. Hinweisschilder im Ort zum „Römerkastell".

In *Osterburken* ist die römische Vergangenheit des Ortes in einer Reihe besonders eindrucksvoller und vielseitiger Denkmäler lebendig geblieben. Osterburken war Standort eines Kohorten- und Numeruskastells. Dazu kamen eine Straßenpolizeistation zur Überwachung eines Grenzübergangs und wichtiger, durch das Militär geschützter Fernstraßen. Zu den Kastellen gehörten zwei Bäder. Außerdem entwickelte sich im Anschluß an die militärischen Anlagen ein dicht besiedeltes Lagerdorf, das wegen seiner Lage an einem weitreichenden Straßennetz offenbar zu hoher wirtschaftlicher Blüte gelangte.

Das Kohortenkastell – seine Besatzung war die teilweise berittene 3. Aquitaner-Kohorte – konnte zwar in mehreren Grabungskampagnen von 1882 bis zu Beginn des 20. Jahrhhunderts in vielen Einzelheiten erforscht werden; doch sind oberirdisch keine Spuren mehr vorhanden, seit in den 20er Jahren das Areal des Kastells »leider ohne Beobachtung« (Schallmeyer) vollständig überbaut wurde.

Im Gegensatz dazu sind von dem Numeruskastell, das sich in einer Hanglage an das Kohortenkastell anschloß, ansehnliche Reste der Lagerumwehrung erhalten geblieben und konserviert. Der Innenraum des Kastells ist als Park gestaltet und dient als Rahmen für Ehrenmale zum Gedächtnis der Toten des deutsch-französischen Krieges von 1870/71 und der beiden Weltkriege 1914–1918 und 1939–1945.

Von einem der beiden Kastellbäder sind die noch bis in die jüngste Zeit feststellbaren Reste inzwischen unter einem Lichtspielhaus verschwunden. Von dem anderen, 1976 entdeckten Bad sind Umfassungsmauern und Badebecken unter dem schützenden Dach eines Museumsbaues z.T. wiederhergestellt und im Ganzen konserviert worden (*Römermuseum Osterburken*).

Die Straßenpolizeimeister von Osterburken – Benefiziarier im Stab des Provinzialstatthalters oder regionaler Kommandeure – haben Zeugnisse hinterlassen, die bei ihrer Entdeckung 1982 als archäologische Sensation gewertet wurden. Bei Tiefbohrungen für Pfeilerfundamente einer Straßenbrücke hatte der Bagger einen römischen Altarstein durchbohrt, dem sich bei den nun einsetzenden systematischen Ausgrabungen sieben von Nord nach Süd hintereinander stehende Reihen ähnlicher Steine hinzugesellten. Man hatte einen ganzen Bezirk von Weihesteinen aufgedeckt. Stifter der Weihesteine waren Be-

Gesamtplan des Benefiziarier-Weihebezirks.

Jagsthausen a. d. Jagst
34 km von Bad Mergentheim; 13 km von Möckmühl über die „Deutsche Ferienstraße Alpen-Ostsee"; 4 km von Schöntal.

Pfahldöbel
Von Jagsthausen nach Sindringen-Westerbach-Pfahlbach. Hinter Pfahlbach bis zur Kreuzung mit der von Osten kommenden Straße von Friedrichruh (ein Wasserturm befindet sich an der Kreuzung). Man verfolgt den asphaltierten Forstweg in den Wald. Nach ungefähr 150 Metern wird der Limes links sichtbar.

Geisselhardt
Auf der Straße Öhringen-Pfedelbach nach 15 km (von Öhringen) kurz vor der Ortschaft Geisselhardt am Waldrand westlich der Straße ein rekonstruierter römischer Wachtturm.

nefiziarier der XXII. (Mainz), VIII. (Straßburg) und III. Italischen Legion (Regensburg). Unter den Gottheiten, denen die Steine gewidmet waren, kam die in Obergermanien kaum bekannte keltische Göttin »Dea Candida« (s.o. Frankfurt) zum Vorschein.
Die Weihesteine waren hervorragend erhalten; bei einigen waren sogar noch Reste der ursprünglichen Bemalung vorhanden. Ähnlich wie bei den Benefiziarier-steinen von Obernburg waren die Inschriften wie gestochen gearbeitet. Die Schmalseiten der Weihealtäre waren mit sorgfältig ausgeführten Reliefdarstellungen einer Truppenstandarte, eines Legionsadlers, von Opfergeräten, eines Baumes mit Schlangen und Vögeln und anderen Motiven geschmückt.

Benefiziarier-Weihealtar (Römermuseum Osterburken).

In der Bodenschicht unter den Altären kamen Balken- und Schwellenbauten eines Holzbauwerkes zum Vorschein, die der Grabungsleiter Dr. Egon Schallmeyer als »in ihren Ausmaßen und ihrem Erhaltungszustand bisher für die römische Zeit einmalig« bezeichnete. Ferner entdeckte man im Weihebezirk ein »ausgeklügeltes Kanalssystem aus Holzrinnen, mit dem man die Grundwasserprobleme zu meistern versuchte«.
Schon vor der Entdeckung des Benefiziarier-Weihebezirks hatte Osterburken in der Provinzialarchäologie eine Sonderstellung eingenommen. Aus der Lagerdorfsiedlung stammte ein 1861 aufgefundenes Kultbild des persischen Lichtgottes Mithras, »unter sämtlichen Mithrasmonumenten wegen seiner Größe und seiner zahlreichen Einzeldarstellungen bei weitem das hervorragendste« (Original im Badischen Landesmuseum in Karlsruhe; Nachbildungen im Rathaus und Römermuseum von Osterburken).
Jagsthausen, zur Römerzeit Kohortenkastell und Umschlagplatz für den Warenaustausch mit dem freien Germanien und daher möglicherweise auch Standort einer Benefiziarierstation, bietet im Schloßmuseum neben einem Edelstahlduplikat der »eisernen Hand« des Ritters Götz von Berlichingen römische Bauinschriften und Kleinfunde, darunter eine qualitätsvolle Bronzestatue des sitzenden Herkules, wahrscheinlich ein Importartikel aus Italien.
Jagsthausen ist auch Ausgangspunkt für einen Ausflug zum Waldbezirk *»Pfahldöbel«* (döbel = Graben) bei Friedrichsruh mit einem

270 Meter langen Teilstück des Limes, das zu den am besten erhaltenen Limesabschnitten gehört. Der Wall ist noch neun Meter breit. Die Wallkrone erhebt sich vier Meter über der zwei Meter tiefen Grabensohle. Der Graben selbst ist acht Meter breit. Nach einem Bericht des fürstlich-hohenlohischen Archivrats Christian Ernst Hansselmann aus dem Jahre 1770 soll hier der Limes damals noch auf einer Länge von 2,5 Kilometer in gleicher Art erhalten gewesen sein.
Der Name *Öhringen* leitet sich von Vicus Aurelianus ab, einer ausgedehnten Zivilsiedlung, die sich in der Nachbarschaft von zwei Kastellen im heutigen Stadtgebiet von Öhringen entwickelt hatte. Der vicus war sehr wahrscheinlich auch Hauptort einer civitas (Gau).
Außer einem Brunnen vor dem Städtischen Krankenhaus gibt es in Öhringen keine sichtbaren Reste aus der Römerzeit.
Um so zahlreicher sind Steindenkmäler, aus deren Inschriften wir manche Einzelheiten aus dem Leben in den Kastellen und der Zivilsiedlung erfahren. So wird auf einem den Nymphen gewidmeten Altar vom Bau einer Wasserleitung in einem der Lager berichtet. Auf einer Diana- und Herkulesstatue ist als Stifter eine Berufsvereinigung von Händlern genannt, die sich regelmäßig zur Abwicklung von Geschäften in Öhringen trafen, und die Kenntnis von der Existenz eines »collegium iuventutis«, einer staatlichen Vereinigung junger Männer in Öhringen, verdanken wir der Inschrift auf einem Votivstein. (Die Originale der Weihesteine befinden sich im Stuttgarter Lapidarium, Abgüsse im *Weygang-Museum*, Karlsvorstadt 38, dem Heimatmuseum der Stadt, im Haus des Meisterzinngießers August Weygang, dessen Werkstatt zusammen mit einer Sammlung seiner Erzeugnisse in dem Haus erhalten ist.)
Auf dem Weg von Öhringen nach Mainhardt taucht kurz vor der Ortschaft *Geisselhardt* am Waldrand westlich von der Straße ein rekonstruierter hölzerner Limesturm auf. Er steht unmittelbar am Limes und kann als Aussichtsturm bestiegen werden.

Römischer Herkules, um 250 n. Chr. (Schloßmuseum der Götzenburg Jagsthausen).

Mainhardt
19 km von Backnang; 14 km von Schwäbisch Hall. Das Heimatmuseum (in der ehemaligen katholischen Kirche) in der Hauptstraße.

Vom Kastell *Mainhardt*, das zum größten Teil im Westen der Gemeinde unter der Erde begraben liegt, wurde 1978 der südliche Eckbereich mit Wehrmauer und Eckturm freigelegt und restauriert (man beachte auf der inneren Mauerschale die Abwechslung von Lagenmauerwerk mit fischgrätartigem Mauerwerk »opus spicatum«). Die dem Limes zugewandte Frontseite des Kastells wird durch Hauptstraße, Marktplatz und Kirchstraße markiert. Die Südseite der ehemaligen katholischen Kirche – jetzt *Heimatmuseum* (Marktplatz; röm. Funde) – bestimmt in etwa die Lage des Ausfalltores (porta praetoria).

Die Besatzung des Kastells war eine teilweise berittene Kohorte von Asturern, einem Stamm im Nordwesten Spaniens (Cohors I Asturum equitata).

Plan des Kastells und der Siedlung Mainhardt: 1 Ausfalltor, 2 linkes Lagertor, 3 rechtes Lagertor, 4 rückwärtiges Lagertor, 5 Stabsgebäude

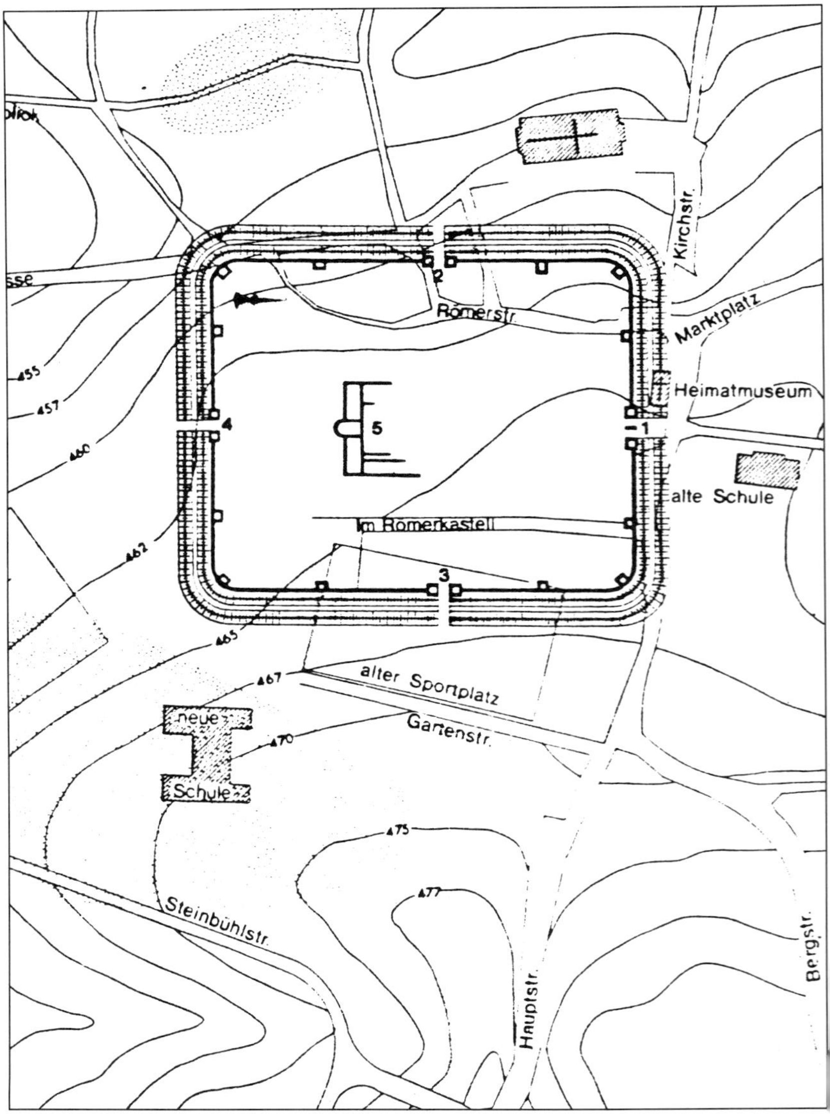

Fundament eines römischen Wachtturmes südlich von Mainhardt.

Freigelegte Kastellmauer in Mainhardt.

Grab-Gross-Erlach
Von Mainhardt auf der B 14 über Groß-Erlach etwa 8 km nach Fischbach. Dort nach links abbiegen und 5 km nach Grab. Etwa 700 Meter südlich des Ortes der wiederaufgebaute Römerturm.

Murrhardt
41 km von Heilbronn; 14 km von Backnang über Sulzbach a. d. Murr.

Kaisersbach
Von Welzheim in nördlicher Richtung auf der Straße nach Murrhardt 6 km bis zur Kreuzung mit der „Idyllischen Straße" (L 1120; Haltestelle des Bahnbusses von Schorndorf nach Gschwend oder Murrhardt). Von der Kreuzung auf der Straße nach Murrhardt nach 300 Metern rechts die Turmruine.

Welzheim
Zum Ostkastell von der Ortsmitte (St. Gallus-Kirche) über Rienharzer Straße oder Aderlingstraße-Goethestraße (Hinweisschilder im Ort).

Etwa fünf Kilometer südlich von Mainhardt, bei *Grab, Gemeinde Groß-Erlach,* wurde 1981/82 ein Limesabschnitt mit Wall, Graben und Palisade rekonstruiert. Fünf Meter westlich des Limeswalles wurde an der Stelle eines römischen Wachtturms ein steinerner Wachtturm mit dem gleichen Grundriß wie der römische erbaut und nach antiken Vorbildern auf der Trajanssäule in Rom mit einer umlaufenden Holzgalerie versehen. Er kann über eine hölzerne Freitreppe bestiegen werden.

Bei der Untersuchung des Turmbereichs durch die Reichslimeskommission 1892 wurden drei großen Pfostenlöcher entdeckt; man vermutet, daß sie von einem großen Vermessungsgerüst stammten. Der Turm stand in Sichtverbindung nach Norden mit dem Kastell Mainhardt und nach Süden über Wachttürme beim Kastell Murrhardt bis zum Kleinkastell und Wachtturm bei Kaisersbach (s. Beschreibung rechte Spalte).

Lage und Ausmaß des Kastells *Murrhardt* konnten zwar durch Grabungen festgestellt werden. Oberirdisch ist aber vom Kastell nichts mehr zu sehen. Nur die via principalis, die beide Seitentore des Kastells miteinander verband, ist im Zug der Riesbergstraße noch erkennbar.

Die Besatzung des Kastells war eine fünfhundert Mann starke Kohorte freiwilliger (wahrscheinlich naturalisierter) römischer Bürger und einer Kundschafterabteilung von germanischen Tribokern aus dem Unterelsaß und keltischen Boiern aus den italienischen Alpen. Im *Carl-Schweizer-Museum* (Am Stadtgarten) wird neben einer Reihe interessanter Weihesteine ein wegen seiner Seltenheit bemerkenswertes Bronzeschwert mit Griff in der Form eines Adlerkopfes von der lebensgroßen Statue eines (nicht identifizierten) Kaisers aufbewahrt.

Im Wald bei Murrhardt-Karnsberg liegen die Reste von zwei steinernen Wachttürmen; einer von ihnen ist in solcher Höhe wiederaufgebaut, daß ein deutlicher Eindruck seines ursprünglichen Aussehens entsteht.

Etwa acht Kilometer südlich von Murrhardt, an der Straße Murrhardt–Welzheim und im Zuge eines »Limeswanderweges« steht der *»Limesturm von Kaisersbach«,* ein »stummer Zeuge großartiger ingenieurtechnischer Leistung« (Dieter Kapf: Römer, Rätsel und Ruinen, Stuttgart 1984, S. 38). Wegen seiner Lage von 561 Meter über dem Meeresspiegel und seiner Ausmaße – er besitzt eine Grundfläche von 6 × 6 Meter und war 20 Meter hoch – nimmt man an, daß der Turm der Vermessung der 80 Kilometer langen, schnurgeraden Limeslinie von Walldürn bis zum Haghof südlich von Welzheim gedient hat – eine »geometrische Glanzleistung«, die auch heute noch Landmessern Respekt abnötigt.

Die Turmreste wurden 1977 ausgegraben und in einer Höhe von 1,5 Meter konserviert.

In *Welzheim* lagen zur Römerzeit zwei Kastelle: ein größeres, das Westkastell – es ist vollständig überbaut – und ein kleineres, das Ostkastell, dessen bis in die Neuzeit unbebaut gebliebenes Gelände noch rechtzeitig vor einer drohenden Überbauung bewahrt werden konnte.

Dem Besucher des Ostkastells bietet sich ein überraschender, unvergeßlicher Anblick: Vor ihm steht das originalgetreu auf seinen antiken Fundamenten in voller Höhe wiederaufgebaute Westtor des Kastells, möglicherweise die porta praetoria, mit zwei die Durchfahrt flankierenden Tortürmen und einem Teil der zinnenbekrönten

Wehrmauer und des von Holzstützen getragenen Wehrgangs auf der Innenseite der Mauer.
Der Graben an der Westseite wurde in seiner ursprünglichen Tiefe und Breite wiederhergestellt. Teile der westlichen und südlichen Lagerumwehrung, mit gemauerten Abwasserkanälen zur Ableitung des Regenwassers aus dem Lagerinnern, sowie die Grundmauern des südwestlichen Eckturms und eines Zwischenturms an der Westseite sind in der Höhe von einem Meter, in der sie erhalten waren, konserviert.
Das Ostkastell ist Fundort von Keramik, zahlreichen Holzgeräten und vor allem von über einhundert Lederschuhen, vom Kleinkinderschuh bis zu halbhohen Stiefeln, die sich im Schlamm von Brunnen erhalten hatten (jetzt im Limesmuseum in Aalen, s.u.). Eine Hinweistafel an der Südostecke des Kastells unterrichtet über weitere Einzelheiten.
Etwa 1,5 Kilometer nördlich des Westkastells liegt die restaurierte Ruine des Kleinkastells *Rötelsee.* Das annähernd quadratische Kastell war von einem zwei Meter breiten Spitzgraben umgeben. Um einen gepflasterten Hof in der Mitte des Kastells befand sich eine hufeisenförmige Mannschaftsunterkunft aus Holz zur Unterbringung der zur Überwachung des zu-

Ostkastell von Welzheim.

Ostkastell von Welzheim; Rekonstruktion des Kastelltores von innen.

Lorch
41 km von Stuttgart (B 29 über Schorndorf Richtung Schwäbisch Gmünd). Zum Römerturm links von der B 29 abbiegen (zum Kloster Lorch).

Schwäbisch Gmünd
Das Kastellbad des Kastells Schirenhof (in einer Grünfläche) erreicht man über Goethestraße-Eutinghoferstraße zum Gasthof „Zum Römerkastell". Von dort an der Tankstelle vorbei links die Straße hinauf zur neuen katholischen Kirche St. Michael. Das Römerbad liegt unmittelbar hinter der Kirche.

gehörigen Limesabschnitts abkommandierten Truppen. Das Kastell wurde im späten 2. Jahrhundert errichtet.
Bei *Lorch* (Baden-Württemberg) enden Wall und Graben des obergermanischen Limes. Hier schloß sich die rätische Mauer an. Ein rekonstruierter hölzerner Wachtturm in unmittelbarer Nähe des Parkplatzes am Kloster Lorch bezeichnet zugleich die Grenze zwischen den Provinzen Obergermanien und Rätien. 1983 wurden aus Anlaß des 13. Internationalen Limeskongresses in Aalen am Anfang der rätischen Mauer am Westhang des Rotenbachtales bei Schwäbisch Gmünd mehrere Sandsteinlagen der Mauer restauriert.
Im Stadtbereich Schwäbisch Gmünd lag das Kohortenkastell Schirenhof, das westlichste rätische Kastell am äußeren Limes, strategisch günstig südlich der Rems auf halber Höhe einer nach Nordwesten gerichteten Bergzunge gelegen. Reste sind nicht mehr vorhanden. Dagegen konnte das Kastellbad freigelegt werden. Der größte Teil seiner Grundmauern ist in einer kleinen Grünfläche restauriert. Ein 500 Meter südöstlich des Kastells etwa zur Hälfte untersuchter Friedhof gilt als »die bisher größte in Baden-Württemberg ergrabene römische Nekropole« (Ingo Stark).
Zwölf Kilometer ostwärts des Kastells Schirenhof lag das Kohortenkastell *Unter-Böbingen*, das zweite in der Reihe der rätischen Kastelle. Die »einmalige topografische Lage« des Kastells erlaubte es der Besatzung, den Limes auf einer Strecke von 15 Kilometer mit zwanzig Wachttürmen zu übersehen. Von der Kastellbefestigung sind die Grundmauern des rückwärtigen Tores, der porta decumana, Teile der Südostecke mit Eckturm und Teile der Ostmauer und eines Zwischenturms mit einem Sockel in Fischgrätenbauweise (opus spicatum) erhalten und konserviert.

Wichtig für jeden, der seine Kenntnisse vom Limes und der Organisation der römischen Armee vertiefen will, ist ein Besuch von *Aalen*. Die Stadt bewahrt in ihrem Namen die Erinnerung an die Zeit, als im dortigen Kastell ein Reiterregiment der Hilfstruppen, eine tausend Mann starke Ala, die »Ala II Flavia pia fidelis Domitiana milliaria« lag. Das Kastell war die größte militärische Anlage am rätischen Limes. Ihr Kommandeur (»praefectus alae«) war vor der Stationierung einer Legion in der Provinz um 172 n. Chr. der ranghöchste Offizier der rätischen Auxiliarverbände.

Von den Kastellbauten sind die bis zu vier Meter hohen Grundmauern des linken Lagertores (porta principalis sinistra) mit doppelter Durchfahrt und den beiden flankierenden Tortürmen freigelegt und konserviert. Reste der Innenbauten, insbesondere der principia (Stabsgebäude), werden in z. Z. noch fortdauernden Grabungen auf dem unbebaut gebliebenen Kastellgebäude zu einem Freilichtmuseum gestaltet.

Auf dem Lagergelände unmittelbar oberhalb der freigelegten Teile der Lagerbefestigung erhebt sich der moderne Bau des *Limesmuseums* (Abzweigung von der B 29 nach links zur »Stadtmitte«. Hinweiszeichen »Limesmuseum« führen durch die Stadt zum Museum bei der Stadthalle).

Nach seiner gründlichen Umgestaltung und Wiedereröffnung im September 1981 gehört das Limesmuseum Aalen zu den besteingerichteten und wegen der hervorragenden Qualität der Sammlungen informationsreichsten archäologischen Museen Deutschlands. Seine Lage auf

Limeswachtturm am Rand des Mahdholzes bei Aalen.

Abb. rechts: Römische Säule im Limesmuseum Aalen.

Aalen
70 km von Stuttgart (B 29); 64 km von Ulm (B 19). Abfahrt jeweils zur „Stadtmitte". Zum Limesmuseum-Stadthalle führen Hinweisschilder durch die Stadt.

Heidenheim a. d. Brenz
43 km von Göppingen (B 466); 40 km von Ulm (B 19); 23 km von Aalen (B 19). Römische Badeanlage unterhalb des neuen Postgebäudes Bahnhofs- und Friedrichstraße. Zugang von Theodor-Heuß-Straße.

Rainau-Schwabsberg
Zum „Freilichtmuseum am rätischen Limes im Ostalbkreis" gelangt man von Aalen auf der neuen B 290 bis zur Abzweigung „Stausee" und zum Parkplatz Ahlbach. Von hier Fußwanderung zum Kastellbad und Kastell. – Das „Limestor bei Dalkingen" erreicht man über Schwabsberg. Kurz nach Überquerung der Jagst Hinweisschild in südlicher Richtung. Auf der Rückfahrt auf der alten B 29 zum „Parkplatz am Limes" zur Besichtigung von Römerturm und rekonstruierter rätischer Mauer im Bezirk Mahdholz.

dem Gelände des Kastells des stärksten Kavallerieverbandes am Limes verbindet das Museum in besonderer Weise mit dem genius loci.

Seit seiner Gründung 1963/64 ist das Museum vornehmlich der Geschichte und dem Aufbau des römischen Heeres gewidmet und gleichzeitig ein Sammelpunkt für Fundgut vom Limes.

Die Aufstellung der Exponate in großen hellen Räumen, in freistehenden Vitrinen und auf Inselsockeln entspricht neuesten Erkenntnissen auf dem Gebiet der Museumstechnik. Das Anschauungsmaterial (Originalfunde, Nachbildungen) ist nach Themengruppen geordnet (z. B. Baden-Württemberg wird römisch; Geschichte des römischen Lagers usw.).

Der reichbebilderte Museumskatalog von Philipp Filtzinger unterrichtet auf breiter wissenschaftlicher Grundlage über den gesamten Themenkreis der Ausstellung. Besonders anschaulich ist ein in die Landschaft des Kastells Aalen versetztes Zinnfigurendiorama »Römer und Germanen am Limes«, das in einer Folge lebendiger Einzelszenen die im Museum behandelten Themen an Hand eines »Sommertages des Jahres 213 n. Chr.« darstellt.

Bei einem Besuch Aalens beachte man auch das *»Römische Parkmuseum bei der Stadthalle«* mit Kunststeinnachbildungen römischer Steindenkmäler aus Baden-Württemberg.

Vor ihrer Verlegung nach Aalen um die Mitte des 2. Jahrhunderts stand die Ala secunda im Kastell *Heidenheim a. d. Brenz,* dem antiken Aquileia südlich von Aalen. Das Kastell ist vollständig überbaut und nur noch in den Straßenzügen der Stadt erkennbar. Im Gegensatz dazu hat das mit dem Kastell verbundene Lagerdorf, das sich nach dem Abzug der Garnison zu einer bedeutenden Siedlung entwickelte, ein imposantes Denkmal hinterlassen.

1980 wurde auf dem Gelände der Bundespost zwischen Bahnhof- und Friedrichstraße während eines Erweiterungsbaues die noch in beträchtlicher Höhe erhaltenen Grundmauern einer großen römischen Therme aufgedeckt. Vermutlich gehörten Teile des Gebäudes zum ehemaligen Kastellbad.

Die Badruine ist, ähnlich wie das praetorium unter dem Kölner Rathaus, im Keller des neuen Postgebäudes konserviert und der Öffentlichkeit zusammen mit Kleinfunden aus dem Areal des Bades zugänglich gemacht.

Die gewaltige Anlage bietet eine Fülle interessanter architektonischer Einzelheiten (ausgedehnte Hypokausten verschiedener Bauweisen, eine Kalkgrube in ihrem ursprünglichen Zustand) und gilt als »archäologisches Kulturdenkmal von besonderer wissenschaftlicher und heimatgeschichtlicher Bedeutung«.

Von Aalen führt der Weg über die neue B 290 Richtung Ellwangen nach wenigen Kilometern zur Abzweigung »Stausee Buch« und zum Parkplatz Ahlbach.

Hier beginnt der etwa 11,5 Kilometer lange Wanderweg durch das 1982 eröffnete *»Freilichtmuseum am rätischen Limes im Ostalbkreis«,* eine in der ganzen Landschaft der römischen Hinterlassenschaft in Deutschland einmalige Anlage. In ihrem Gebiet liegen die konservierten Überreste aller wesentlichen Bauwerke, die das römische Militär zur Sicherung der nördlichen Grenze der Provinz Rätien errichtet hatte: die rätische Mauer mit Wachtturm, ein Kohortenkastell mit Bad. Der Rundwanderweg bietet daher »eine vorzügliche Ergänzung zum Limesmuseum in Aalen, wo dem

Besucher die historischen Hintergründe, der Aufbau des Militärs und die Bewaffnung der Soldaten erläutert werden« und zugleich »eine großartige Verbindung von Erholung mit historischer Weiterbildung« (Dieter Planck). Hauptpunkte auf der Wanderung, meistens am Limes entlang, sind:
Im Wald *»Mahdholz«* südlich von *Schwabsberg* ein in voller Höhe rekonstruiertes Teilstück der rätischen Mauer und im Zug der Mauer die freigelegten und konservierten Fundamente von zwei Steintürmen (das hier wiederaufgebaute Stück rätischer Limesmauer vermittelt dem Besucher einen hervorragenden Eindruck vom Aussehen dieser Limesmauer); knapp südlich am Rand des Mahdholzes ein rekonstruierter hölzerner Limesturm mit umgebender Palisade und ein Teilstück der hölzernen Limespalisade; ein am Südrand von *Schwabsberg* 1969 aufgedecktes und 1976 voll ausgegrabenes Teilstück der aus Eichenholz gefertigten Limespalisade »in hervorragendem Erhaltungszustand«, (einige der Eichenstämme werden im Limesmuseum in Aalen aufbewahrt); und das »Limestor bei *Dalkingen*«, eine erst durch Grabungen seit 1973 in seiner Bedeutung erkanntes, »am obergermanischen und rätischen Limes einmaliges Bauwerk«.
Schon um 1870 wurden an diesem für den rätischen Limes markanten Punkt – man vermutete dort einen wichtigen Zugang in germanisches Gebiet – archäologische Untersuchungen durchgeführt, die deutlich die herausragende Stellung eines an dieser Stelle entdeckten, »so seltenen Denkmals römischer Baukunst« bewiesen. Aber keinem der Forscher gelang die endgültige Klärung dieses »merkwürdigen Gebäudes». Seit den systematischen Grabungen von Dieter Planck wissen wir nun, was es mit diesem Bauwerk auf sich hat. Planck konnte fünf Bauphasen feststellen. Dabei ergab sich zunächst, daß es sich um ein zur Überwachung eines Limesübergangs errichtetes militärisches Gebäude mit einem Tordurchgang handelte. Das eigentlich Rätselhafte aber war, daß dieses Gebäude in der letzten Bauphase mit einer für militärische Bauten ungewöhnlichen triumphbogenartigen »Prunkfassade« aus Netzmauerwerk versehen wurde. Die Lösung lieferte die Entdeckung an dieser Stelle von mehr als fünfzig Fragmenten einer überlebensgroßen bronzenen Panzerstatue »von der Hand eines vorzüglichen Künstlers«, insbesondere der Fund des Bruchstücks eines Bronzeschwertes mit Adlerkopfknauf, der als Abschluß des Schwertgriffs im 3. und 4. Jahrhundert ausschließlich dem Kaiser vorbehalten war. Die »Prunkfassade« diente also offenbar als Kulisse für eine Kaiserstatue. Andere Beobachtungen führten zu der Annahme, daß die Panzerstatue Kaiser Caracalla darstellte, der 213 seinen »größten Sieg« über die Alamannen mit einem Triumph in Rom feierte.
Es spricht vieles dafür, daß Caracalla im Kastell *Aalen*, dem bedeutendsten militärischen Stützpunkt am rätischen Limes, die gewaltige Streitmacht für seinen Kriegszug gegen die Alamannen versammelt hatte und daß der Kaiser bei Dalkingen den Limes überschritt.
Mit der Errichtung der Prunkfassade erhielt das Limestor die Bedeutung eines Siegesdenkmals zur Erinnerung an den Sieg Caracallas. Die in ungewöhnlich gutem Erhaltungszustand vorgefundenen Mauern wurden konserviert und das Tor zum Teil wieder aufgebaut. Seitdem bildet es »ein besonders markantes und wichtiges Denkmal am rätischen Limes«.

Gunzenhausen
28 km von Ansbach; 22 km von Weißenburg. Im Burggstall, dem Gehölz nördlich vom „Gemeinschaftsdiakonissen-Mutterhaus", Überreste der rätischen Mauer.

Bronzekanne, auf der Vulkan dargestellt ist; aus dem Weißenburger Schatzfund (Römermuseum Weißenburg).

Im Rahmen des Freilichtmuseums sind ferner zu sehen:
die Grundmauern des Südtores und ein Teil der Wehrmauer des Kastells *Buch* sowie die vollständig freigelegten und restaurierten Grundmauern des Kastellbades, zahlreiche bei der Ausgrabung des Bades zutage geförderte Kleinfunde wie Haarnadeln (!) – das Bad war offenbar auch der Bevölkerung des Lagerdorfes zugänglich –, Ohrlöffel, Glasgefäße, Schmuck (Fibeln), Ringe und Gemmen aus Karneol und Onyx, Keramik und Münzen;
und die Grundmauern verschiedener anderer.
Die Weiterfahrt durch die Provinz Rätien führt von Aalen nach Osten an der »rätischen Mauer« entlang nach *Gunzenhausen*, dem nördlichen Scheitelpunkt der rätischen Mauer.
Im Burgstall, dem Gehölz hinter dem Gemeinschafts-Diakonissenmutterhaus »Hensolthöhe« sind Reste von steinernen Wachttürmen der rätischen Mauer sichtbar. Ein dort errichteter Bismarckturm besteht nach einer Inschrift aus dem Jahre 1901 »aus den hier ausgegrabenen Steinblöcken einer alamannischen Ringmauer und aus Steinen der Römermauer«.
Bei *Theilenhofen*, 9 Kilometer südlich von Gunzenhausen auf der B 13, sind die vorzüglich erhaltenen und konservierten Grundmauern des Bades des Kohortenkastells Iciniacum zu sehen. Die Badruine wurde 1968/69 im Verlauf einer Flurbereinigung entdeckt.
Nach 13 Kilometer auf der B 13 in südöstlicher Richtung gelangt man nach *Ellingen* und von der Ortsmitte auf der Straße nach Höttingen nach ungefähr 400 Meter zu der teilweise wiederaufgebauten Ruine des Numeruskastells *Sablonetum*.
Mit der Rekonstruktion wurde die Absicht verfolgt, »dem Besucher den visionären Eindruck einer verfallenen römischen Festung" zu vermitteln. Daß dies gelungen ist, wird jeder bestätigen, der von dem wiederaufgebauten Nordwestturm mit den Augen des römischen Beobachtungspostens weit ins Land hinausschaut und dabei den eigenartigen Zauber von Landschaft und Lage dieses alten Römerbaues auf sich wirken läßt.
Beim drei Kilometer entfernten *Weissenburg*, in römischer Zeit Standort des Alenkastells Biriciana – die Besatzung war die Ala I Hispanorum Auriana – wurde 1977 ein

Theilenhofen
Auf der B 13 von Gunzenhausen nach Weißenburg und Eichstätt erreicht man nach 9 km von Gunzenhausen den Ort Theilenhofen. In der Ortsmitte verweist ein Hinweisschild zum etwa 1 km entfernten „Römerbad".

Ellingen
Von Weißenburg 3 km auf der B 13. An der Ortsmitte auf die Straße nach Höttingen. Nach etwa 400 Metern links der Weg zum Römerkastell Sablonetum.

Silbernes Votivblech an die Göttertrias Minerva, Merkur und Apollo (Römermuseum Weißenburg).

großes römisches Badegebäude entdeckt. Bis zur Aufdeckung der Badeanlage in Heidenheim war dies die »größte erhaltene Therme einer Lagervorstadt in Süddeutschland«.

Das Bad war im Innern mit Fresken ausgemalt, die Badebecken mit Solnhofer Platten ausgelegt – wie übrigens auch der Apsidenbau des Theilenhofener Bades. Der ausgezeichnete Erhaltungszustand der Badeanlage erlaubte die Konservierung in einem Schutzbau.

Die Grundmauern des Kastells wurden schon 1890–1900 ausgegraben. Sie wurden abgetragen, aber der Grundriß – der am vollständigsten erhaltene eines Römerkastells in Bayern – ist durch Betonplatten in einer Grünanlage markiert.

Das *Römermuseum Weissenburg* (Martin-Luther-Platz 3) hat neben Kleinfunden und Steindenkmälern zwei zu verschiedenen Zeiten entdeckte, in ihrer Art einmalige Zeugnisse römischen Lebens aufzuweisen.

1867/68 wurde beim Bau des Weissenburger Bahnhofs ein vollständig erhaltenes Militärdiplom gefunden.

Militärdiplom aus Bronze für den Boier Mogetissa vom 30. 6. 107 n. Chr. (Römermuseum Weißenburg).

Militärdiplome waren durch sieben Zeugen beglaubigte, aus zwei Bronzetafeln bestehende Abschriften eines kaiserlichen Erlasses – das Original war auf dem Palatin in Rom „an der Mauer hinter dem Tempel des göttlichen Augustus beim Standbild der Minerva" angeschlagen –, der Mitgliedern von Auxiliareinheiten die ehrenvolle Entlassung (missio honesta) aus dem Militärdienst nach 25jähriger Dienstzeit bestätigte und ihnen gleichzeitig das römische Bürgerrecht auch für ihre Kinder und Nachkommen und das Eherecht mit der Frau, mit der sie zusammenlebten oder die sie später heirateten, verlieh.

Das Weissenburger Diplom wurde am 30. Juni 107 n. Chr. für Mogetissa, aus dem keltischen Stamm der Boier, Reiter in der Ala Auriana, der Besatzung des Weissenburger Kastells, ausgestellt.

Man versuche einmal, sich auszumalen, welcher bürokratische Aufwand erforderlich war, bevor Mogetissa seine Entlassungsurkunde in der Hand hatte.

Das Verfahren mag sich so abgespielt haben: Zunächst mußte über Mogetissas Dienstjahre genau Buch geführt werden. Dies war die Aufgabe des Regimentsschreibers (librarius). Er hatte dem Truppenkommandeur rechtzeitig den Entlassungstermin anzuzeigen, damit gegebenenfalls der notwendige Ersatz angefordert werden konnte. Der Bericht mußte dem vorgesetzten Legionskommando, im Falle von Mogetissa der III. Italischen Legion in Regensburg, vorgelegt werden. Hier wurden die für das bestimmte Jahr vorgesehenen Entlassungen aus den verschiedenen Einheiten des rätischen Heeres gesammelt und mit Kurier nach Rom abgesandt.

In Rom wurde der kaiserliche Sammelerlaß vom »procurator ab epistulis«, dem Generalsekretär des

Bronzene Gesichtsmaske von einem Paradehelm (Römermuseum Weißenburg).

Kaiserlichen Kabinetts einschließlich des Heerespersonalamtes, vorbereitet, vom Kaiser genehmigt, auf Bronzeplatten eingezeichnet und an der üblichen Stelle beim Tempel des Augustus angeschlagen. Die Abschrift des Erlasses ging dann »auf dem Instanzenweg« an die Truppenkommandeure zurück, die wahrscheinlich bei einem Appell auf dem Hof des Stabsgebäudes den einzelnen Soldaten die ihnen zustehenden Urkunden aushändigten. Die Soldaten waren damit ehrenvoll aus dem Militärdienst entlassen und römische Bürger geworden.

Die andere Attraktion des Weißenburger Römermuseums ist ein 1983 entdecktes und als »Römischer Schatzfund« weit über Weißenburg hinaus bekannt gewordenes Inventar eines Tempels oder Heiligtums. Die Sammlung besteht aus silbernen Votivtafeln, bronzenen Götterstatuetten, Teilen von Paraderüstungen, Gefäßen und Gefäßteilen, Eisengeräten und einem eisernen Klappstuhl. Der Schatz kam bei der Anlage eines Spargelbeetes auf einem Grundstück in der Nähe der großen Therme zutage. Er gilt als der größte seiner Art nicht nur in Bayern, sondern auch in der Bundesrepublik. Die Götterstatuetten »stellen in ihrer Größe, Qualität, ihrem Erhaltungszustand, zum Teil auch in ihren Motiven einmalige Stücke dar« (Kellner und Zahlhaas).

Bronzestatuette der Venus mit Goldschmuck (Römermuseum Weißenburg).

Bronzestatuette des Merkur mit Silberschmuck (Römermuseum Weißenburg).

Oberer Teil einer groma, des Visiergeräts des römischen Feldmessers, aus dem Kastell Pfünz (Frühgeschichtl. Museum Eichstätt)

Eichstätt
70 km von Augsburg (über Neuburg); 27 km von Ingolstadt; 24 km von Weißenburg. Hinweisschilder im Ort zur Willibaldsburg (Jura-Museum).

Eining
Von Regensburg auf der B 16 38 km zur Abzweigung der B 299 nach Neustadt. Nach 3 km rechts abbiegen zum Römerkastell.

Von Weißenburg erreicht man nach 24 Kilometern *Eichstätt.* Im *Ur- und Frühgeschichtlichen Museum,* einer Abteilung des Jura-Museums auf der Willibaldsburg, befindet sich, nach einer Neuaufstellung bequem zu besichtigen, eine nach Themengruppen angeordnete Sammlung römischer Fundstücke, vornehmlich aus den Kastellen *Pfünz* und *Böhming.* Von besonderem Interesse ist, wie schon erwähnt, der obere Teil einer groma, des Visiergeräts des römischen Feldmessers, »ein einmaliger Fund«, sowie ein Reiterhelm.
An Ingolstadt vorbei zur B 16 a und B 16 nach Neustadt und von dort nach *Eining,* dem »am vollständigsten ausgegrabenen und am besten konservierten« Römerkastell *Abusina.* Es ist zugleich das Kastell mit der längsten Geschichte, die vom Anfang bis zum Ende archäologisch nachweisbar ist. Eine weitere Besonderheit ist, daß das Lager jahrhundertelang von der gleichen Auxiliareinheit, der »Cohors III Britannorum«, besetzt war. Besonders eindrucksvoll sind die Mauerreste des sacellum (Fahnenheiligtums) und des »Offiziersbades« außerhalb des Kastells sowie in der Südostecke eine spätrömische »Artilleriebastion«. Funde aus Abusina werden im *Stadt- und Kreismuseum* in *Landshut* aufbewahrt.
Fährt man (zurück über Neustadt) am gegenüberliegenden Donauufer nach Kehlheim, so kommt man ungefähr zwei Kilometer nördlich von *Hienheim* am sogenannten *»Hadriansstein«* vorbei, einem von König Maximilian II. Joseph von Bayern (1848–1864) zur Kennzeichnung des Punktes, an dem die rätische Mauer auf die Donau trifft, gesetzten Gedenkstein.
Es lohnt sich, an dieser Stelle Halt zu machen und im Geist noch einmal die Limesstrecke zu verfolgen, die vom Turm Nr. 1 am Rhein zwischen Bad Hönningen und Rheinbrohl bis hierher geführt hat. Dies hatte auch der bayerische König im Sinn, als er, in umgekehrter Richtung denkend, diese Inschrift in gotischen Lettern auf den Stein setzen

Römischer Reiterhelm aus dem Kastell Pfünz (Frühgeschichtliches Museum Eichstätt)

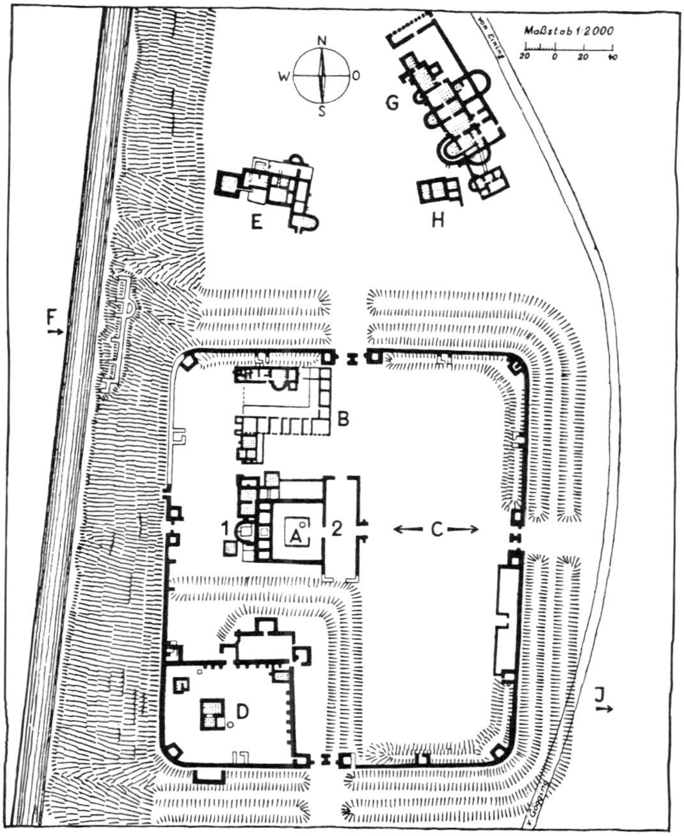

Plan des Grenzkastells Abusina bei Eining.

ließ: »Hier auf dem linken Donauufer beginnt der von den römischen Kaisern Trajan, Hadrian und Probus in den Jahren 117–282 nach Christus gegen die Teutschen angelegte, bis an den Rhein laufende Wall, auch Teufelsmauer genannt«. *Regensburg* war zur Römerzeit bedeutender militärischer Stützpunkt. Schon in der Frühzeit der Römerherrschaft im Alpenvorland, unter Kaiser Vespasian (69–79 n. Chr.), wurde der strategisch wichtige Punkt am Zusammenfluß von Regen und Donau durch Auxiliarkastelle geschützt. Seit 179 lag hier die III. Italische Legion.

Vom »Castra Regina«, wie die Legionsfestung am Regen hieß, sind im heutigen Stadtbild bemerkenswerte Baureste erhalten geblieben. Teile der Wehrmauer lassen sich innerhalb der Erhard-Krypta, unter dem Parkhaus am Dachauplatz, insbesondere an der Südostecke der Festung (Maximilianstraße/Ernst-Reuter-Platz) beobachten. Der »Römerturm« auf dem Alten Kornmarkt besitzt teilweise römisches Mauerwerk, ist im übrigen aber trotz seines Namens ein mittelalterlicher Bau. Was den Besucher des »römischen Regensburg« vor allem fesselt, sind die noch sichtbaren, im Hotel Bischofshof in der Straße »Unter den Schwibbögen« eingebauten Teile der Porta Praetoria, dem feindseitigen Tor der Legionsfestung. »In ihrer archaischen Kraft und Strenge« bietet die Porta einen imposanten, unvergeßlichen Anblick.

Die römischen Funde im *Museum der Stadt Regensburg* (Dachauplatz 2–4) umfassen die Kaiserzeit um 15 v. Chr. bis ins 5. nachchristliche Jahrhundert. Besonders eindrucksvoll ihrer geschichtlichen Bedeutung wegen wie auch durch das feingemeißelte Schriftbild ist die monumentale, 1873 beim Ausschachten einer Baugrube entdeckte Bauinschrift, die es ermöglicht, als Datum der Vollendung des Festungsbaus das Jahr 179 zu

Parademasken aus dem Straubinger Schatzfund (Gäubodenmuseum Straubing)

bestimmen. Von der Inschrift ist nur die rechte Hälfte antik; die andere Hälfte beruht auf einer Ergänzung durch Theodor Mommsen. Wie es beim Bau der Festung zuging, insbesondere beim Bau der Porta Praetoria, wird an einem Modell anschaulich gemacht.

Überhaupt ist man im Museum um Anschaulichkeit bemüht, so sind die Theke in einem römischen Wirtshaus, ein Wohnraum mit Fußbodenheizung und eine Küche nach antiken Vorbildern in natürlicher Größe rekonstruiert.

Besonders zahlreich sind Grabsteine mit menschlich ansprechenden Inschriften von einem ausgedehnten, beim Bau von Eisenbahn und Bahnhof in den Jahren 1872/74 aufgedeckten Friedhof und religiöse Kultdenkmäler, insbesondere Weihungen für Merkur aus einem Merkurheiligtum auf dem Ziegetsdorfer Berg im südlichen Bereich der Stadt. Die Grabplatte der Sarmannina gilt als älteste steinerne Urkunde des Christentums im spätrömischen Rätien und auch als Hinweis dafür, daß es in Regensburg Märtyrer gegeben hat (»in piam memoriam Sarmannine quiescenti in pace martiribus societatae«).

Von Regensburg auf der B 8 nach *Straubing* (Sorviodurum) zum *Gäuboden- und Stadtmuseum* (Frauenhoferstr. 9) zur Besichtigung des dort ausgestellten berühmten »Schatzfundes«, einer »im ganzen römischen Reich einmaligen« Sammlung von Teilen von Paraderüstungen (Gesichtshelme, Bronzeschienen, Kopf- und Augenschutzklappen für Pferde). Zum Straubinger Schatzfund gehören auch eine Reihe von bronzenen Götterfiguren, darunter die oft abgebildete, qualitätvolle Figur eines tanzenden Lars.

Passau (Batavis), von Straubing auf der B 8 zu erreichen, hat seinen Platz auf einer Reise durch das römische Deutschland weniger wegen sichtbarer römischer Hinterlassenschaft als wegen seiner Geschichte von den Anfängen der römischen Herrschaft im Gebiet der Rätier bis zu ihrem Ende im 5. Jahrhundert.

Der Name der Stadt leitet sich von einer Kohorte von Batavern, einem germanischen Volksstamm an der Rheinmündung, her, die seit der Mitte des 2. nachchristlichen Jahrhunderts bis zur Mitte des 5. Jahrhunderts die Besatzung eines Kastells auf der Donauhalbinsel bildeten. Eine lange römische Geschichte hat auch Passau-Innstadt, wo schon unter Domitian (81–96) ein Kastell lag. In spätrömischer Zeit entstand hier die Festung Boiotro und eine Siedlung, die in der »Vita« des hl. Severin erwähnt ist. Die Kirche St. Severin auf dem rechten Innufer erinnert daran, daß der Heilige im Jahre 460 dort in der Nähe einer Basilika eine Mönchszelle baute.

Rückseite einer Parademaske.

Nachfolgende Doppelseite 130/131: Römische Bronzestatuetten aus dem Straubinger Schatzfund (Gäubodenmuseum Straubing).

22
23
24

26
27

Durch die Provinzen Rätien und Obergermanien zur Gallia Belgica

Waffen und Werkzeuge aus dem Kastell Künzig (Prähistorische Staatssammlung München).

Die Reise wendet sich nun nach Westen. In *München* ist in der Römischen Abteilung der *Prähistorischen Staatssammlung* (Lerchenfeldstraße 2), das reiche römische Fundgut aus Bayerns 400jähriger Römerzeit in einer den Betrachter ungemein ansprechenden Weise ausgestellt, in einer Atmosphäre, in der »er sich wohl fühlen« kann.

Das Fundgut ist in zwei Hauptgruppen eingeteilt: Der führenden Rolle des Militärs entsprechend (Rätien war eine Militärprovinz) wird der Besucher zunächst in die militärische Entwicklung des römischen Bayern eingeführt. Unter den Ausstellungsstücken in diesem Teil ist der berühmte Sammelfund von Infanteriewaffen, Pioniergeräten und Ausrüstungsteilen aus dem Kastell Künzig besonders eindrucksvoll. Daran schließen sich Funde aus dem bürgerlichen Bereich mit Sonderausstellungen von Mosaiken.

Pfeilergrabmal von Augsburg-Oberhausen (Römisches Museum Augsburg).

Bronzener Pferdekopf (Römisches Museum Augsburg).

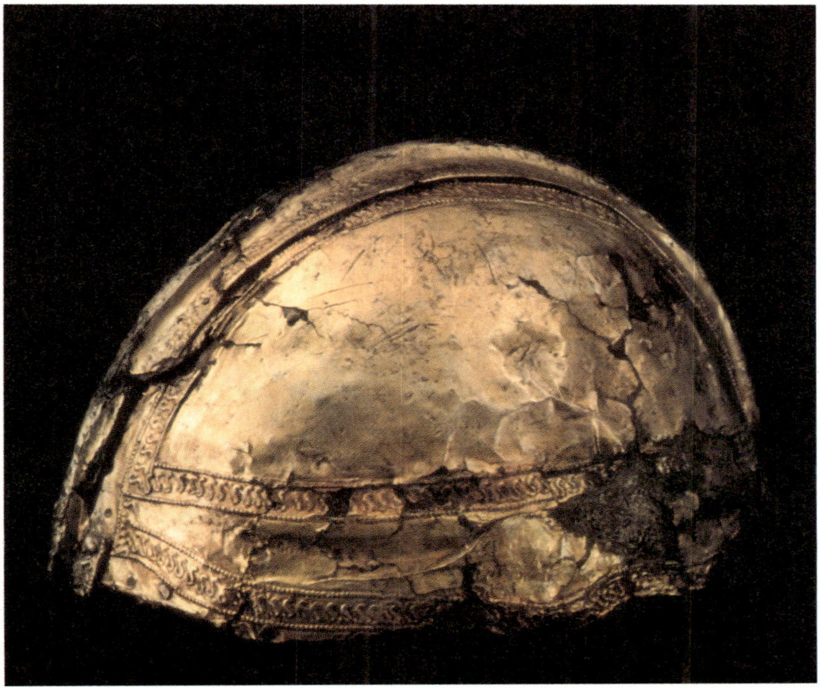

Spätrömischer Goldhelm (Römisches Museum Augsburg).

Bronzene Venusstatuette (Römisches Museum Augsburg).

In *Augsburg*, der »Augusta Vindelicorum«, erinnern keine oberirdisch sichtbaren Bauten an den antiken Glanz der »splendidissima Raetiae provinciae colonia«, der einstigen Hauptstadt der Provinz Rätien. Gelegentlich lassen sich bei Notgrabungen im Stadtgebiet Spuren des römischen Augsburg beobachten. So wurden Anfang 1985 auf einem für einen Neubau bestimmten Gelände nördlich des Domes u. a. Teile einer römischen Straße, eine Steinmauer mit Brunnenansatz und Pfostenlöcher von Holzbauten aufgedeckt. Im Zug der Eroberung des Voralpenlandes im Jahr 15 v. Chr. durch die Stiefsöhne des Kaisers Augustus, Tiberius und Drusus, war auch das Siedlungsgebiet der Vindeliker um Augsburg der römischen Herrschaft unterworfen worden. Wahrscheinlich bei Augsburg-Oberhausen wurden damals zwei Legionen zur militärischen Sicherung der eroberten Gebiete stationiert. 1985 feiert Augsburg sein zweitausendjähriges Stadtjubiläum. Wenn es auch bisher nicht gelungen ist, die Gründung der Stadt mit dem Legionslager historisch oder archäologisch zu verbinden, so ist das Jahr 15 v. Chr. doch »ein Schlüsseljahr für die Geschichte des Alpenvorlandes und Augsburgs, weil es der Anfang einer Herrschaft war, welche mehr als fünfhundert Jahre die Entwicklung unmittelbar beeinflußt hat und in deren Verlauf Augsburg erst militärischer, dann ziviler Siedlungsplatz und Hauptstadt der Provinz Raetia geworden ist.« (Gunther Gottlieb in »Geschichte der Stadt Augsburg«, Stuttgart 1984, S. 18). Und Lothar Bakker (im gleichen Buch, S. 30) meint, es wäre äußerst unwahrscheinlich, »wenn ein in frührömischer Zeit so bedeutender Platz wie das Oberhausener Militärlager keine direkte Fortsetzung – ob als Militäranlage oder zivile Siedlung, sei hier dahingestellt – am gleichen Ort gefunden hätte...« (Im Rahmen der Jubiläumsfeier wird in einer Ausstellung »Die Römer in Schwaben«, der bisher größten archäologischen Sonderausstellung Bayerns, in rund tausend Exponaten, größtenteils Leihgaben aus den großen Sammlungen von München, Nürnberg und Stuttgart, römisches Leben in der Provinz Rätien dargestellt [militärische Ausrüstungsgegenstände, städtische Lebensart, Modelle, darunter der Römerstadt Cambodunum, eine römische Garküche und Töpfereiwerkstatt].) Ein Hauch römischer Vergangenheit umgibt die prächtige Maximilianstraße. Sie liegt im Zug der Via Claudia Augusta, einer von Kaiser Claudius (41–54 n. Chr.) auf einer älteren Trasse ausgebauten Fernstraße, die Verona mit Augsburg verband und von dort die Donau erreichte.

Das *»Römische Museum«* in der ehemaligen Dominikanerkirche St. Magdalena (Dominikanergasse 15) besitzt eine reiche Sammlung römischer Altertümer, die in den letzten 400 Jahren auf dem Boden der Stadt zutage getreten sind. Hingewiesen sei vor allem auf das Pfeilergrab von Augsburg-Oberhausen;

Augsburg
65 km von München, 80 km von Ulm. Die Dominikanergasse (Römisches Museum in der ehemaligen Dominikanerkirche; von der Maximilianstraße durch eine Querstraße etwa in der Höhe des Herkulesbrunnens zu erreichen) verläuft im spitzen Winkel auf die Maximilianstraße. Zum Domplatz mit Römermauer, Ausgrabung St. Johanniskirche und Peutingerhaus über Rathausplatz-Karolinenstraße-Hoher Weg.

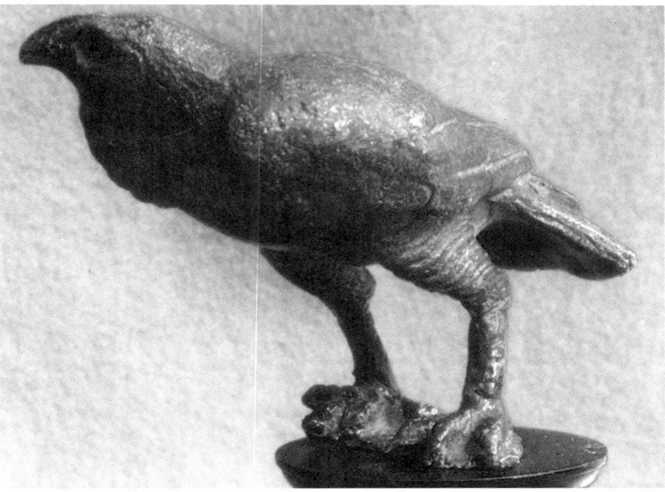

Bronzestatuette eines Adlers (Römisches Museum Augsburg).

Spätrömisches Dosenortband (Römisches Museum Augsburg).

Gastwirt vom Grabstein des Pompeianus (Römisches Museum Augsburg).

Relief, einen Lastenträger darstellend (Römisches Museum Augsburg).

Relief: Verschnüren eines Wollballens (Römisches Museum Augsburg).

einen (ehemals vergoldeten) lebensgroßen und vorzüglich erhaltenen bronzenen Pferdekopf (»ein Meisterwerk naturalistischer Darstellung«), vermutlich von der Reiterstatue eines römischen Kaisers; römische Helme, Grabreliefs mit Darstellung von Szenen aus dem täglichen Leben (»im Warenmagazin«) und die Funde militärischer Ausrüstungsgegenstände aus dem Doppellegionslager Augsburg-Oberhausen.

Die *»Römermauer«* (kein römisches Bauwerk) im Süden des Domes ist ein Freilichtmuseum zur Aufbewahrung und Sichtbarmachung von römischen Architekturfragmenten und Reliefs des 1. bis 4. nachchristlichen Jahrhunderts. Gegenüber der Römermauer die 1930 ergrabenen Fundamente der frühchristlichen Kirche St. Johannis, Taufstätte der ersten Christen in Augsburg zur Zeit der Heiligen Afra. Sie fand den Märtyrertod in Augsburg 304 während der Christenverfolgung unter Diokletian. Aus einer über ihrem Grab errichteten Kapelle entstand im Mittelalter das spätgotische Münster zu St. Ulrich und Afra.

Epfach
45 km von Augsburg auf der B 17. Auf dem Lorenzberg Spuren der spätrömischen Mauer.

Der Lorenzberg bei *Epfach* an der B 17, dem römischen Abodiacum (auf dem Weg nach Kempten), war in spätrömischer Zeit Zufluchtsort der Bevölkerung vor plündernden Horden und von einer starken Schutzmauer umgeben. Beim Mauerbau verwendete man, wie dies auch an anderen Orten unter dem Zwang der ständigen Bedrohung geschah, am Ort vorhandenes Steinmaterial von Friedhöfen und zerstörten Gebäuden.

Als die antike Mauer 1830 zum Abbruch verkauft werden sollte, konnten durch die Initiative des Landrichters Lorenz Boxler einige der schönsten in der Mauer aufgefundenen Grabsteine mit Reliefdarstellungen gerettet werden. Sie bilden den Grundstock der Sammlung von Steindenkmälern im Römischen Museum in Augsburg.

Kempten, die alte Handels- und Verkehrsmetropole Cambodunum an der West-Ost-Verbindung von Gallien nach Noricum und religiöser Mittelpunkt für den Kult der Roma und des Augustus, hat oberirdisch nichts von der Pracht seiner römischen Vergangenheit bewahrt. Wir wissen, daß Cambodunum mit seinen öffentlichen und privaten Steinbauten (beheizten Wohnun-

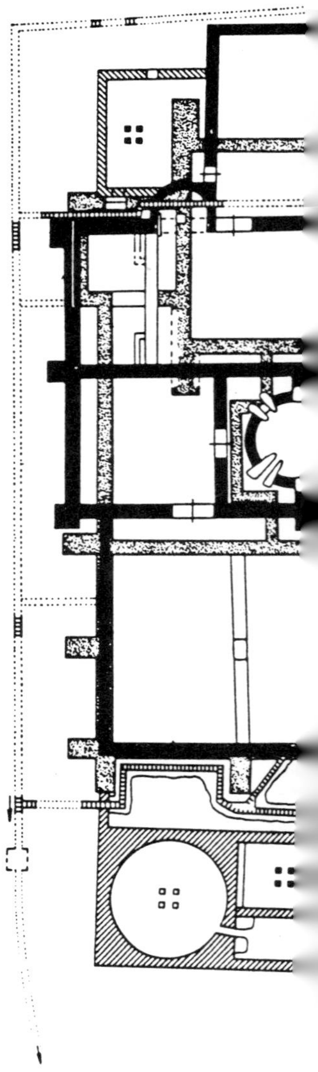

gen, Bädern, Theatern), mit seinen von Pfeilerlauben und Portiken gesäumten Straßen und Plätzen, mit seinen Standbildern und Tempeln und einem in keiner anderen Stadt im römischen Deutschland bisher aufgefundenen Unterkunftshaus eine Stadt von großer städtebaulicher Schönheit gewesen ist.
Ist von alledem heute auch nichts mehr sichtbar, so wird dem Besucher des »Lindenberger Öschs«, der Siedlungsstätte von Cambodunum, durch Hinweisschilder und Straßennamen (»Römer-Weg«, »Thermenstraße«, »Cambodunum Park«) sowie Schaubilder an Häuserfronten (Plan des römischen Forums u. a.) zum Bewußtsein gebracht, daß dies historischer Boden ist. Der sich hier manifestierende Wunsch, die Erinnerung an den römischen Ursprung der Stadt wachzuhalten, zeigt sich in besonders reizvoller Weise in der nach Art eines römischen Atriumhauses gebauten Lindenbergschule am Cambodunum-Park. Den Schülern wer-

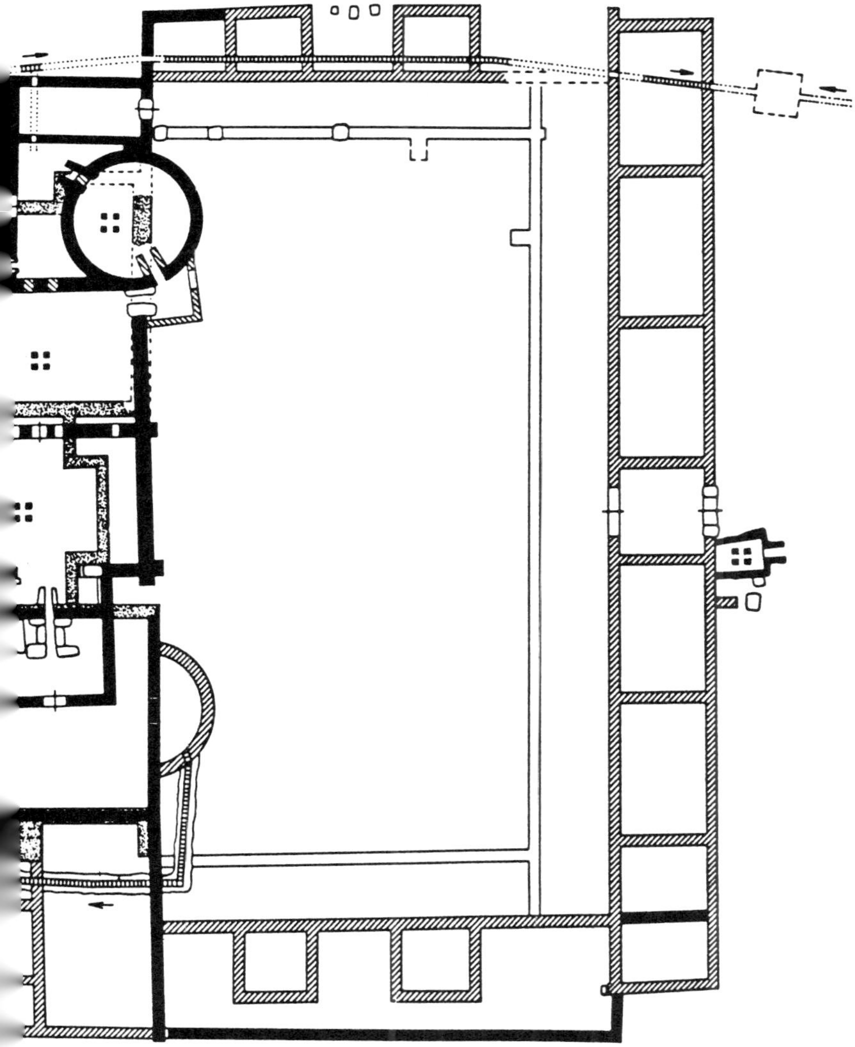

Grundriß der ersten und zweiten Periode der Großen Thermen von Cambodunum (Kempten).

Rekonstruktion des gallorömischen Tempelbezirks von Cambodunum (Kempten).

Rekonstrukution der Fundamente des gallorömischen Tempelbezirks von Cambodunum (Kempten).

„Orpheusmosaik" aus einem der Wohnhäuser der Römersiedlung von Rottweil (Museum der Stadt Rottweil).

den anhand von Bildern an den Wänden des Innenhofes Szenen aus dem römischen Alltagsleben vorgeführt.
Die *»Römische Sammlung Cambodunum«* im Zumsteinhaus (Residenzplatz 31) enthält Funde aus der Römerstadt. Bedeutsam der »Schatzfund von Wiggensbach« (Münzen, Schmuckstücke), der vermutlich beim Alamanneneinfall von 233 vergraben wurde.
Von Kempten durch den Schwarzwald nach *Badenweiler*. Die dortige Ruine eines römischen Bades mit hohem, aufgehendem Mauerwerk und vollständig erhaltenen marmorgetäfelten Badebecken, die innen von stufenförmigen Sitzreihen umgeben sind, mit intakten Ausflußrohren aus Blei und steinernen Entwässerungskanälen gehört zu den besterhaltenen Denkmälern römischer Baukunst auf deutschem Boden und ist schon seit fast 200 Jahren unter einem Schutzdach konserviert.

Badenweiler
35 km von Freiburg; 7 km von Müllheim. Die Römische Badruine liegt im Kurpark unmittelbar unterhalb des Markgrafenbades.

Rottweil
29 km von Tuttlingen; 61 km von Tübingen. Die Römische Badruine liegt an der B 14 in Richtung Tuttlingen beim Friedhof an der Ruhe-Christi-Kirche.

Badenweiler (sein römischer Name ist unbekannt) war keine Militärstation. Das Bad mit seinen warmen Quellen diente ausschließlich den Kur- und Erholungszwecken der Zivilbevölkerung, darunter vornehmlich wohl den Bürgern der nur etwa 30 Kilometer entfernten Augusta Raurica (Augst bei Basel) und den Bewohnern der Gutshöfe und Marktflecken des Breisgaues. Etwas rätselhaft geblieben ist die Teilung des Badegebäudes in zwei gleiche Hälften – möglicherweise zur Trennung der Bäder nach Geschlecht oder sozialen Klassen oder zwecks wechselweiser Reinigung.
Der Badenweiler Kurgast, der das Römerbad besucht, spürt die historische Kontinuität. »Die gleichen Quellen, deren Wasser die Becken und Wannen der römischen Kuranstalt füllte, versorgen die modernen Heilbäder von Badenweiler und bringen Erholung und Heilung den heutigen wie vor 1900 Jahren den römischen Kurgästen« (»Die Römer in Deutschland«, S. 61).
Die »Grüne Straße« führt nach *Rottweil*, dem römischen Arae Flaviae (die flavischen Altäre). Der Name läßt darauf schließen, daß unter den flavischen Kaisern (von der Regierungszeit Vespasians bis zum Ende der Regierungszeit Domitians, d. h. von 69–96 n. Chr.) Altäre für den offiziellen Kaiserkult möglicherweise als zentrales Staatsheiligtum der neueroberten Gebiete des oberen Neckars errichtet wurden.

Rottweil war in der Frühzeit der römischen Herrschaft in Süddeutschland für Truppenbewegungen von großer strategischer Bedeutung. Allein sechs Kastelle verschiedener Größe konnten im Stadtgebiet von Rottweil nachgewiesen werden. Die Kastelle waren nur während weniger Jahrzehnte belegt – von einer bunten Reihe militärischer Einheiten, Legionen und Kohorten der verschiedensten Volksstämme des Reiches – Aquitaner, Dalmatiner, Damaszener, Spanier.
Der Bau des Limes machte seit dem Ende des 1. Jahrhunderts die Konzentration militärischer Kräfte an dieser Stelle überflüssig. Das mit den Kastellen verbundene Lager-

dorf entwickelte sich zu hoher wirtschaftlicher Blüte und erreichte sogar den Status eines municipium, ein Ort mit eigenen Selbstverwaltungsorganen nach römischem Stadtrecht.
Die Kenntnis vom Rechtscharakter der Arae Flaviae als municipium verdanken wir einem glücklichen Fund. 1950 wurde aus einem römischen Brunnen eine hölzerne Schreibtafel geborgen, auf der sich Teile eines Urteils des Kommandeurs der VIII. Legion aus Straßburg durch die inzwischen vergangene Wachsschicht so stark auf das Holz eingedrückt hatten, daß die Schrift heute noch lesbar ist, insbesondere die entscheidenden Worte: »actum municipio aris« – Geschehen in der Municipalstadt Aris, wobei Aris als Abkürzung für Arae Flaviae steht.
Seit 1967 besitzt Rottweil ein bedeutendes sichtbares Denkmal seiner römischen Vergangenheit. In diesem Jahr kamen bei der Erweiterung eines städtischen Friedhofes die Grundmauern einer römischen Badeanlage zutage. Die Mauern wurden freigelegt, in ihrer Gesamtheit konserviert und zum Teil restauriert. Man hatte die größte bis zu diesem Zeitpunkt bekannte Anlage ihrer Art in Württemberg entdeckt. Von einer Grünfläche mit Ruhebänken eingeschlossen, bietet die Badruine eines der anziehendsten und lehrreichsten Freilichtdenkmäler des römischen Deutschland.
Ein zweites kleineres Bad ist schon seit 1898 bekannt. Es wurde bei der Renovierung der Pelagiuskirche entdeckt. Heute noch sichtbar ist die Hypokaustanlage (Heizung) eines der Baderäume unter der Pelagiuskirche (Zugang von der Nordostecke des Chores) und ein sog. labrum (Warmwasserbecken), das bei der gleichen Gelegenheit aufgefunden wurde und vor dem Westportal der Kirche aufgestellt ist.
Im *Museum der Stadt Rottweil* (Hauptstraße 20, gegenüber dem Rathaus) sind fast alle Funde von Ausgrabungen in Rottweil (Keramik- und Metallgegenstände) untergebracht. Außerdem befindet sich dort das schon 1834 aufgefundene, weit über Rottweil hinaus bekannte »Orpheusmosaik« aus einem der großflächigen Wohnhäuser der Römersiedlung. Die bereits erwähnte Schreibtafel mit dem für die Stadtgeschichte bedeutsamen und bis heute erhaltenen Text ist hier im Original zu sehen.
Von Rottweil über Balingen nach *Hechingen*, wo in jüngster Zeit im Ortsteil Stein ein im römischen Deutschland einzigartiges Denkmal aus der römischen Vergangenheit entstanden ist.
1976 waren dort dank der Aufmerksamkeit des Ortsvorstehers die

Südfront des Hauptgebäudes nach der letzten Umbauphase um 200 n. Chr. (Röm. Gutsanlage Hechingen-Stein)

Hechingen-Stein
22 km von Tübingen; 39 km von Rottweil. Auf der B 27 von Tübingen nach Hechingen. Dort 3 km auf der B 32 zum Ortsausgang des Ortsteils Stein. Gegenüber auf der rechten Straßenseite Hinweistafel zur Lage und Geschichte der ausgegrabenen villa rustica. Man verfolgt den Fußweg bis zur Ausgrabungsstätte (ca. 200 Meter).

Grundmauern einer der größten römischen Gutsanlagen in Baden-Württemberg entdeckt worden. Der ausgezeichnete Erhaltungszustand sowie die beträchtliche Höhe des aufgehenden Mauerwerks gaben Anlaß zu dem Gedanken, aus den Überresten eine »Villa zum Anfassen« zu gestalten, mit anderen Worten die Villa wieder so aufzubauen, daß der Besucher, ohne seiner Phantasie allzu viel zuzumuten, eine klare Vorstellung vom Aussehen des römischen Bauwerks gewinnen konnte.

Römische Gutshäuser – man hat über tausend in Württemberg allein festgestellt – waren in diesem Teil des Reiches nach einem einheitlichen Schema gebaut. Eines ihrer Hauptmerkmale war auf der Frontseite des Herrenhauses eine Säulenreihe (porticus), die an beiden Ekken von Risaliten (vorspringenden Flügeln) eingefaßt war.

Von der Villa in Hechingen-Stein hat man den Ostrisalit zwei Stockwerke hoch wieder aufgebaut sowie dort ein kleines Museum mit örtlichen Fundstücken eingerichtet. Mit Ausnahme der Villa von Otrang (davon später) findet man sonst nirgendwo in Deutschland eine so wirklichkeitsgetreue Wiederherstellung zum mindesten eines Teils eines römischen Gutshauses. Es bedarf keiner großen Einbildungskraft, um sich anhand dieser Teilrekonstruktion den Rest des Gebäudes vorzustellen. Vorzüglich erhalten sind auch die Hypokausten der heizbaren Räume.

Es wird angenommen, daß die Villa in Domitianischer Zeit (81–96 n. Chr.) entstand, mehrere Bauphasen erlebte und um 230 angesichts einer drohenden Alamanneninvasion von den Bewohnern verlassen wurde.

(Man erreicht die Villa, von Hechingen kommend, auf der B 32. Unmittelbar gegenüber dem Ortsausgang von Stein biegt ein Weg nach rechts ab – dort befindet sich auch ein Hinweisschild mit genau-

Zentrum der römischen Gutsanlage in Hechingen-Stein.

en Angaben über die Gesamtlage des Gutshofes. Man verfolgt den Weg bis zur Ausgrabungsstätte.)

Von Hechingen aus etwa 16 Kilometer in nordwestlicher Richtung über Nebenstraßen (Bodelshausen – Hemmendorf – Dettingen) nach *Rottenburg*, dem römischen Sumelocenna, das als Hauptort der civitas Sumelocennensis eine kurze Blütezeit bis zum Fall des Limes 259/60 erlebte und stadtartigen Charakter mit Tempeln, großflächigen Steinbauten, Bädern und einer Wasserleitung annahm. Eine Badeanlage aus dieser Zeit ist in einem Anbau zum Eugen-Bolz-Gymnasium in der Mechthildstraße in ihren Grundmauern konserviert und dort sichtbar. Im *Sülchgau-Museum* in der Bahnhofstraße 16 werden römische Kleinfunde und Steindenkmäler aufbewahrt.

Stuttgart-Bad Cannstatt

Die Straße „Am Römerkastell" (Kaserne, Lage des Römerkastells) erreicht man über die Altenburger Steige zum Hallschlagweg.

Stuttgart selbst ist kein Sproß aus der Römerzeit, für eine Reise durch das römische Deutschland aber seiner hervorragenden Sammlungen römischer Altertümer wegen unumgänglicher Anlaufpunkt.

Was der Besucher des *Lapidariums* des Württembergischen Landesmuseums im Stiftsfruchtkasten am Schillerplatz erleben kann, hat Josef Eberle mit einem lateinisch-deutschen Epigramm auf einer Tafel am Eingang so ausgedrückt: »Intrans ave hospes! tibi conscia saxa loquuntur. Chartae quod taceant hic manifestat humus« (Gruß dir Besucher zuvor: Nun lausche den redenden Steinen. Schweigen die Bücher sich aus, macht es der Boden dir kund). Die ausgestellten Steindenkmäler (Weihesteine, Altäre, Grabinschriften) sind die Seiten eines in Stein geschriebenen Buches über die Römerzeit in Württemberg. Für vieles, was in diesen Inschriften berichtet wird, gibt es keine anderen Zeugnisse.

Die Denkmäler sind nach Gruppen geordnet: das Land und seine Bewohner; das römische Heer; Religion im römischen Heer; Bauten des römischen Heeres; Straßenbau und Straßenpolizei; bürgerliche Berufe; Vereinswesen; Verwaltung der römischen Provinz; Totenkult; Römische Gottheiten; einheimische Gottheiten; orientalische Gottheiten.

Die bei Hausen an der Zaber in Bruchteilen aufgefundene Jupitergigantensäule wurde in Kunststein nachgebildet und ist im Lapidarium originalgetreu aufgestellt. (Ausführliche Beschreibung der

Bronzestatuette eines Germanen (Württemberg. Landesmuseum Stuttgart).

Ausstellung in »Die Römer in Deutschland«, S. 291 f; Philipp Filtzinger, Hic Saxa loquuntur. Hier reden die Steine. Kleine Schriften zur Kenntnis der römischen Besetzungsgeschichte Südwestdeutschlands. N. 25. Stuttgart 1980)

Unter der Bezeichnung *»Die Römer in Württemberg«* ist im Alten Schloß eine Sammlung provinzialrömischen Fundgutes aus dem 1. bis 4. nachchristlichen Jahrhundert ausgestellt. Die mehr als tausend Einzelfunde aus den Provinzen Obergermanien und Rätien (soweit letztere zum heutigen Württemberg gehörte) sind im wesentlichen Gegenstände aus dem Alltag der Gutshöfe, Lagerdörfer und Gauhauptorte und umfassen Haushalts- und landwirtschaftliche Geräte (Geschirr von feiner und gewöhnlicher Qualität, Toilettengegenstände, einen Steckkalender, Spielzeug und vieles mehr).

Wesentlicher Teil der Ausstellung sind bisher noch nicht gezeigte Funde aus Grabungen in Sulz, Rottweil, Köngen und Isny (Vemania), von letzterem insbesondere Gegenstände aus der im Kastell Vemania nachgewiesenen Eisenschmiede sowie ein goldener Frauenschmuck.

Unter Steindenkmälern bemerkenswert sind mehrere Darstellungen von Epona, Schutzgöttin des Straßenverkehrs, des Handels und der Pferde, auch für Stuttgart (Stutgarten, Gestüt) eine Art lokaler Gottheit; ein Meilenstein und die Bekrönung einer Jupitergigantensäule von Weißenhof-Löchgau (Jupiter fährt mit einem Zweigespann über einen am Boden kauernden Giganten hinweg).

Glanzstücke, die den Besucher sogleich beim Betreten der Ausstellung auffallen, sind zum Teil rekonstruierte metallene Gesichtshelme, wie sie von den Kavalleristen der Hilfstruppen bei Paraden und Reiterspielen getragen wurden.

Wer Sinn für geschichtliche Kontinuität hat, findet ein markantes Beispiel in *Stuttgart-Bad Cannstatt,*

Kopf einer Statue des Kaisers Commodus aus dem Kastell Grinario (Köngen).

wo heute noch das Gelände des römerzeitlichen Kastells (Hallschlagweg, »Am Römer Kastell«) für militärische Zwecke benutzt wird. Die dort befindliche Kaserne wurde 1908–10 für die »Königsdragoner« gebaut, Nachfolger nach fast 2000 Jahren der Ala Scubulorum, eines fünfhundert Mann starken römischen Reiterregiments.

Ein Abstecher nach *Köngen* (Autobahn Stuttgart-Ulm, Abzweigung Wendlingen) führt zum Römerlager Grinario. Schon von der Zufahrtsstraße her sieht man auf einer Anhöhe den südlichen Eckturm und Teile der Wehrmauer des Kastells. Sie wurden 1911 vom Schwäbischen Albverein wiederaufgebaut und vermitteln einen hervorragen-

Köngen
10 km von Esslingen; 6 km von Plochingen. Auf der Autobahn Stuttgart-Ulm bis zur Abfahrt Wendlingen. Auf der B 313 nach Osten bis zur Verkehrsampel. Links in die Adolf-Ehman-Straße bis zur Ringstraße. Von dort führt ein Weg zum Römerkastell.

Baden-Baden
Zu den „Römischen Badruinen" am Augustaplatz führen Hinweisschilder innerhalb der Stadt.

den Eindruck vom Aufbau und Aussehen der Lagerbefestigung.

Das Kastellgebäude ist unbebaut und soll in diesem Zustand bis auf weiteres verbleiben.

Im Turm befindet sich eine Sammlung von Kleinfunden aus dem Kastell und Lagerdorf. Im Kastellgelände sind Nachbildungen von Steindenkmälern, die für Grinario von Bedeutung sind, darunter die Jupitergigantensäule von Walheim, aufgestellt.

Von Stuttgart wendet sich der Weg nach Westen über Leonberg, Weil der Stadt, Calw, »Freundschaftsstraße«, Schwarzwaldbäderstraße nach *Baden-Baden,* schon zur Römerzeit mit dem bezeichnenden Namen »Aquae« ein vielbesuchter Badeort und Hauptstadt der mit Selbstverwaltungsrechten ausgestatteten civitas Aquensis, dem »Bädergau«.

Aus Baden-Badens römerzeitlicher Epoche als Badestadt stammen die »Römischen Badruinen (Hinweisschilder in der Stadt), manchmal ohne besondere Gründe »Soldatenbad« genannt. »Der interessanteste

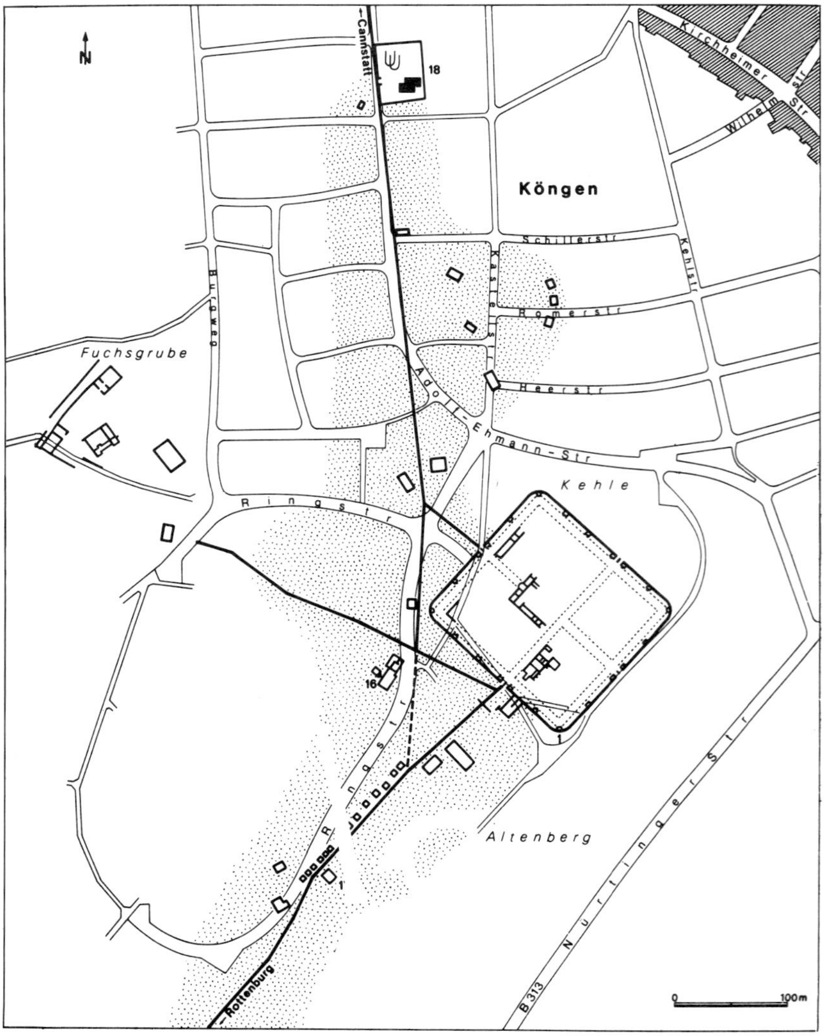

Plan des Kastells Grinario (Köngen).

Mithrasstein (Bad. Landesmuseum Karlsruhe).

und diesseits der Alpen nirgends mehr in solcher Vollkommenheit und Ausdehnung erhaltene Teil der Ruine ist die Heizungsanlage: die Hypokausis, eine Zentralheizung, bei der Böden und Wände durch Warmluft beheizt wurden«.
In den *»Stadtgeschichtlichen Sammlungen«* im Neuen Schloß werden römische Steindenkmäler und Kleinfunde aufbewahrt, die vor allem für die Militär- und Stadtgeschichte von Baden-Baden Bedeutung haben.

Das *Badische Landesmuseum* im Schloß von *Karlsruhe* beherbergt eine der bedeutendsten Sammlungen von Steindenkmälern provinzialrömischer Kunst. Dazu gehören vor allem die ihrem antiken Zustand heute noch weitgehend entsprechenden Mithraskultbilder von Heidelberg-Neuenheim und Osterburken. Beiden gemeinsam ist das Hauptbild des persischen Lichtgottes als Stiertöter.
Ein dem Museum angegliedertes Lapidarium enthält Steindenkmä-

ler mit Inschriften, die vor allem für die Militärgeschichte des Limes aufschlußreich sind. In einem angrenzenden Raum ist der Keller einer villa rustica mit den Originalsteinen vom Fundort und rotbemaltem Fugenputz wiederaufgebaut.

Heidelberg war im Anfang seiner Geschichte römische Garnison und zugleich Standort einer bedeutenden Keramikindustrie. (Ein lateinischer Name ist nicht überliefert.) Im Gebiet des heutigen Stadtteils Neuenheim lag ein Übergang über dem Neckar, der militärisch geschützt und straßenpolizeilich überwacht wurde. Mehrere Kastelle sind an dieser Stelle nachgewiesen. Eine aus der Frühzeit der römischen Besetzung stammende Holzbrücke wurde gegen Ende des zweiten nachchristlichen Jahrhunderts durch eine steinerne Pfeilerbrücke ersetzt.

Eine besondere Attraktion der in jüngster Zeit von Grund auf neugestalteten Abteilung »Archäologie« im *Kurpfälzischen Museum* (Hauptstraße 97) bilden lebendig gestaltete Modelle römischer Bauten. Das dem Besucher zunächst ins Auge fallende Modell ist die Nachbildung des Westtores und eines Teils der Wehrmauer des großen Steinkastells von Heidelberg-Neuenheim, in dem, was die Inschrift über dem Tor erkennen läßt, die teilweise berittene Zweite Cyrenaische Kohorte (Cohors II Augusta Cyrenaica equitata) stationiert war. Einem imposanten Gemälde vergleichbar ist das Modell der steinernen Neckarbrücke aus dem 2. Jahrhundert. Wie im Fall des Lagertormodells beleben Zinnfiguren römischer Soldaten die dargestellten Bauwerke.

Mit dem Modell des spätrömischen Burgus von Ladenburg (s. unten)

Modell der römischen Neckarbrücke bei Heidelberg (Kurpfälzisches Museum Heidelberg).

wird dem Besucher ein wenig bekannter römischer Festungstyp vorgeführt. Auffallend die mächtige Wehrhaftigkeit des fünfstöckigen quadratischen Turmes und der umgebenden Mauern, sichtbares Zeugnis, wie schon die Mauerreste von Alzey, Boppard und Koblenz beweisen, für die Entschlossenheit der weströmischen Kaiser in Trier, die Nordgrenze des Reiches gegen immer wieder eindringende Germanenstämme zu verteidigen.
Einen Teil des römischen Gräberfeldes in der Berliner Straße, dem das Kurpfälzische Museum den Großteil seiner Römerfunde verdankt, zeigt ein Diorama in natürlicher Größe und getreuer Nachbildung.
Die Exponate sind im wesentlichen Gegenstände des täglichen Gebrauchs, vor allem Keramik aus Heidelberger und auswärtiger Produktion, römische Luxusgläser, Toilettengegenstände sowie Steindenkmäler aus dem religiösen Bereich und Grabsteine.
Unerläßlich für eine Reise durch das römische Deutschland ist ein Besuch des nahen *Ladenburg*, dem römischen Lopodunum. Entstanden aus dem Lagerdorf eines frühzeitlichen Kastells, entwickelte sich der Ort zum Verwaltungszentrum des Gaus der Neckarsueben (civitas Ulpia Sueborum Nicretum) mit einer Marktbasilika, die zu den größten und monumentalsten Bauschöpfungen nördlich der Alpen zählte. Teile ihrer Grundmauern sind in der Krypta der St. Galluskirche und im Kirchgarten auf der Südseite der Kirche erhalten. Einen Eindruck von den gewaltigen Ausmaßen der Basilika erhält man, wenn man sich bei einem Besuch der Kirche vorstellt, daß die Länge der Kirche der Breite der Basilika entspricht.
Mauerreste des Kastells sind neben der St. Sebastians-Kapelle und vom

Jupiterkopf von einer Jupitergigantensäule, gefunden in Heidelberg Neuenheim, Anfang des 3. Jh. n. Chr. (Kurpfälzisches Museum Heidelberg).

Mittelturm des spätrömischen Burgus (dessen Aussehen von dem Modell im Kurpfälzischen Museum Heidelberg bekannt ist) im neuen Rathaus konserviert. Mauer- und Säulenreste eines großen römischen Gebäudes mit Portikus aus dem 2. nachchristlichen Jahrhundert sind neben dem Lobdengau-Museum sichtbar.
Glanzstück des *Lobdengau-Museums im Bischofshof* (ehemaliger Wormser Bischofssitz) ist ein 1965 vom Museumsleiter Dr. B. Heukemes in einem Mithräum im Südteil von Lopodunum aufgefundene Mithraskultbild, »ein Höhepunkt mithräischer Kunst in Deutschland«. Während in den meisten anderen

Ladenburg
7 km von Heidelberg; 7 km von Mannheim. Das Lobdengaumuseum befindet sich im „Bischofshof".

Kentaurenkopf aus Schwarzenacker (Histor. Museum der Pfalz, Speyer).

in deutschen Museen aufbewahrten Kultbildern Mithras als Stiertöter dargestellt ist, erscheint er hier zusammen mit dem Sonnengott beim Mahl ausgestreckt auf dem Fell des getöteten Stiers.

Von den übrigen Museumsstücken sind neben einer Vielzahl von Gegenständen des täglichen Gebrauchs und Erzeugnissen lokaler Töpfereien hervorzuheben: eine Getreidedarre; ärztliche Instrumente und Reliefdarstellungen der keltischen Pferdegöttin Epona.

Im *Freilichtmuseum beim Bischofshof* sind römische Baureste und Steindenkmäler ausgestellt, darunter die Nachbildung einer Jupitergigantensäule, deren Originalteile in römischen Brunnen gefunden wurden.

Heidelberg eignet sich als Ausgangspunkt für Abstecher zunächst nach *Speyer*. Die Stadt ist aus dem Lagerdorf (vicus) des römischen Kastells Noviomagus im Siedlungsgebiet des germanischen Volksstammes der Nemeter hervorgegangen. Der vicus überdauerte die Auflassung des Kastells am Ende des 1. Jahrhunderts n. Chr. wurde Hauptort des Gaues (cicitas) der Nemeter und erreichte unter dem gallischen Sonderkaiser Postumus (258–268) den Rang einer colonia, d. h. eines nach dem Recht der Stadt Rom eigenständig verwalteten Gemeinwesens.

Den Namen Spira (Speyer) erhielt der Ort in fränkischer Zeit als Verwaltungsmittelpunkt des Speyer-Gaues.

Die rechts und links vor dem Hauptportal des *Historischen Museums der Pfalz* (Große Pfaffengasse 10) aufgestellten Reiterstandbilder gelten als »die größten römischen Rundplastiken im Gebiet nördlich der Alpen«. Sie wurden unfertig in einem Steinbruch bei Breitfurt a.d. Blies entdeckt und waren möglicherweise für Trier bestimmte Kaiserstandbilder.

Die Steindenkmäler (Göttersteine, Weiheinschriften, Altäre) des Museums sind zum größten Teil Spolien aus den Fundamenten der spätrömischen Festung Altrip (bei Ludwigshafen/Rhein; Altrip = alta ripa = das hohe Ufer).

Ein Raum des Museums ist als Heiligtum des persischen Lichtgottes Mithras gestaltet; in einem weiteren Raum ist ein Baldachingrabmal, das ursprünglich vor der Portikus eines großen ländlichen Herrensitzes bei Bierbach im Saarland gestanden hatte, unter Verwendung der aufgefundenen Originalstücke wiederaufgebaut.

Baldachingrabmal aus Bierbach im Saarland (Historisches Museum der Pfalz in Speyer).

Zu den Paradestücken des Museums gehört ein kunstgeschichtlich bedeutsames Weiherelief für Diana und zwei Kleinbronzen aus Schwarzenacker (Kentaurenkopf und Schildbuckel einer Paraderüstung – »erstrangige provinzielle Arbeit aus dem Osten«). Außerdem Erzeugnisse der Terra-Sigillata-Töpfereien von Rheinzabern aus der erlesenen Sammlung von Wilhelm Ludovici. Im angeschlossenen *»Weinmuseum«* als berühmtes Unikum eine Flasche Wein, verschlossen mit einem Stöpsel aus verhärtetem Olivenöl, Jahrgang 300 n. Chr. Von Speyer geht es in nordwestlicher Richtung über die Autobahn A 61 und die B 37 nach *Bad Dürkheim*.

Am Abhang des Kästenberges nordöstlich der Stadt begegnet man einem durch seine antike Unberührtheit fesselnden Relikt aus der Römerzeit, dem »Kriemhildenstuhl«, auch »Brunholdisstuhl« genannt. Hinter diesen in ihren Ursprüngen nie geklärten Namen verbirgt sich ein römischer Steinbruch. Er befindet sich noch im gleichen Zustand, wie er vor fast 2000 Jahren von den letzten dort arbeitenden Steinhauern verlassen wurde. Es waren Arbeitskommandos der XXII. Legion aus Mainz, die sich von dort die Steine für ihre Festungsbauten verschafften.

Von ihrer Arbeit und Anwesenheit

Abbildung rechts: Gladiatorenkrug aus Rheinzabern (Historisches Museum der Pfalz in Speyer).

Abbildung unten: Diana-Weiherelief aus Schwarzenacker (Historisches Museum der Pfalz in Speyer).

Wormser Gesichtskrüge. Ton mit roter und weißer Bemalung. Wormser Erzeugnis des 4. Jh. n. Chr. (Museum der Stadt Worms).

berichten deutlich sichtbare Spuren römischer Steinbruchtechnik und häufige, an den Wänden eingemeißelte Schriftzeichen »LEG XXII PPF« (Legio XXII Primigenia Pia Fidelis)«. Auch eine Weiheinschrift der Legion für Jupiter, den Besten und Größten, und für den Schutzgott des Kaisers Septimius Severus ist an einer der Wände erhalten sowie Felszeichen (Räder, Tiere u. a.), die vermutlich Abzeichen der Pionierabteilungen gewesen sind.

Weiter über die B 271 und B 47 nach *Worms*, dem römischen Borbetomagus (Heim der keltischen Muttergottheit Borbet) und Hauptort der Civitas Vangionum, eines germanischen Volksstammes, seit 413 Hauptstadt der burgundischen Förderaten. Hinter dem Westtor des Doms ist ein Teil der spätrömischen Mauer erhalten, und auf ihren Fundamenten ruht der westliche Abschluß der mittelalterlichen Stadtmauer.

Das *Museum der Stadt Worms* im ehemaligen Andreasstift enthält neben seltenen Zivilisationsgütern wie Schlittschuhen, einem Manikürgerät mit sechs verschiedenen Instrumenten, einer Sammlung sog. Wormser Gesichtskrüge und einer der größten Sammlungen römischer Gläser, eine Anzahl interessanter Soldatengrabsteine, darunter die Grabstele eines Reiters aus einer Abteilung von Panzerreitern (»eques ex numero Katafractariorum«). Die »catafractarii« waren

Abbildung rechts: Glasbecher aus Worms, 4. Jh. n. Chr. (Museum der Stadt Worms).

Abbildung unten: Modiolus (sog. Maßgefäß) aus dem späten 1. Jh. n. Chr. Museum der Stadt Worms).

»schwere« oder Panzerreiter – sowohl Reiter wie Pferd waren vollständig gepanzert – die im 3. Jahrhundert n. Chr. von den Römern im Orient als Gegengewicht gegen die gepanzerten Reitertruppen der Parther und Sassaniden aufgestellt waren und von Kaiser Severus Alexander 234 zur Bekämpfung der Alamannen in den Westen gebracht wurden.

Von ihrem Einsatz gegen die Alamannen berichtet auch der im Limesmuseum Aalen aufbewahrte Grabstein (Fundort Stuttgart-Bad Cannstatt) von zwei Brüdern, „einstmals Reitern der neuen Ala, der Festen, Panzerreitertruppe« (»quondam equitibus novae alai firmae catafractariae«), die sicherlich im Kampf gegen die Alamannen bei Cannstatt gefallen sind.

Büstengefäß für Salbe in Gestalt eines jungen Satyrs, gefunden in Worms (Museum der Stadt Worms).

Victoria auf einem Götterstein, gefunden am Heiligenberg bei Heidelberg (Städt. Reiss-Museum Mannheim).

Der Weg zurück nach Heidelberg führt über *Mannheim*. Die Sammlung römischer Altertümer im *Städtischen Reiss-Museum* (Zeughaus, C5) wurde schon 1763 begonnen, als man sich anschickte, „Monumente des Altertums und Mittelalters, die durch die unterthanen oder sonsten gefunden werden mögten", in das Antiquarium Electorale abzuführen. Dabei kamen insbesondere Steindenkmäler (Weihesteine, Grabsteine von Soldaten und Zivilisten) in die kurfürstliche Sammlung, darunter «Spitzenstükke sowohl im Hinblick auf künstlerische Qualität wie historisch-epigraphischen Informationsgehalt« (Cämmerer). Die Soldatengrabsteine haben der modernen Forschung als wertvolle Beispiele für die Entwicklung ihrer Stilelemente gedient.

Von Heidelberg wendet sich die Reise nach Westen und führt über Kaiserslautern (oder Landau – Pirmasens – Zweibrücken) nach *Homburg-Schwarzenacker* in der römischen Provinz Belgien zu einem in der provinzialrömischen Archäologie einzigartigen Denkmal. In Schwarzenacker wurde in den letzten Jahrzehnten eine gallorömische Kleinstadt in ihren Grundmauern freigelegt und z.T. in Bauten auf antiken Fundamenten wieder zum Leben erweckt (noch bevor ähnliches in Xanten geschah).

Während der Alamanneninvasion um 275 n.Chr. war der Ort in Schutt und Asche versunken. Über die Jahrhunderte hinweg hatten sich seine Spuren in dem von den verbrannten Gebäuden »schwarz gefärbten Acker« erhalten. Zwar waren die oberirdischen Teile der Häuser in der Brandkatastrophe vergangen, aber die Kellerräume waren überall in ihrem ursprünglichen Zustand erhalten geblieben.

Auch der Stadtplan ließ sich rekonstruieren. Die Stadt war schachbrettförmig angelegt. Es gab Reihen- und einzelstehende Häuser. Den Häusern waren Pfeilerlauben und Säulengänge vorgesetzt. Jedes Haus war sorgfältig unterkellert; die meisten besaßen »Kühltruhen«. Die Abwässer wurden durch überdeckte oberirdische Kanäle abgeleitet. Über dem Kanal waren in regelmäßigen Abständen Siphons (Vierkantsteine mit rundem Loch) angebracht, durch die die Hausfrauen ihr Gebrauchtwasser in die Kanäle einschütten konnten.

Ein als Kultstätte vermutetes Haus ist vollständig, das Wohnhaus eines Augenarztes (nach einem dort gefundenen Augenarztstempel) zum Teil wiederaufgebaut. Beide Rekonstruktionen vermitteln den Eindruck vom Baustil der Häuser und der hochentwickelten »Lebensqualität« der Bewohner einer römischen Provinzstadt.

In dem vollständig wiederaufgebauten Haus ist ein *Museum* mit Funden von Schwarzenacker untergebracht. Vor allem bemerkenswert sind sechs Bronzestatuetten römischer Gottheiten; ein eiserner Stangenaufsatz in Form einer Doppelaxt und die Schellen eines Tambourins – alles Funde aus dem Keller des wiederaufgebauten Hauses, der übrigens mit Säulen geschmückt war. Diese ungewöhnliche Ausstattung und die dort gefundenen Gegenstände haben zu der Annahme geführt, daß es sich bei dem Haus um eine Kultstätte handelte

Bedeutendstes Stück unter den Bronzestatuetten ist ein Bildnis des »Genius Populi Romani«. Sie »gehört zum Besten, was römische Kleinkunst hervorbrachte«. Wegen ihrer erlesenen Qualität könnte die Statuette »auch im Gemach eines römischen Senators einen Platz gehabt haben«.

Die Ausgrabungsstätte ist ein Freilichtmuseum der 1966 gegründeten Stiftung Römerstadt Schwarzenakker in Homburg/Saar.

Im Stadtteil Brebach von *Saarbrükken*, etwa 30 Kilometer westlich von Schwarzenacker, erinnern Straßennahmen wie »An der Römerbrücke«, »Am Römerkastell«, »Römerstadt« an die imperiale Vergangenheit. In spätrömischer Zeit stand hier eine Festung zur Sicherung eines Übergangs über die Saar und einer Straßenkreuzung. In einem kleinen Park im Winkel zwischen den Straßen »Am Römerkastell« und »An der Römerbrücke« sind Mauerreste der spätrömischen Festung erhalten.

Ein ungleich bedeutenderes Denkmal aus der Römerzeit ist das *Mithrasheiligtum* am Halberg (vom Parkplatz vor Schloß Halberg nahe dem Verwaltungsgebäude des Saarländischen Rundfunks auf einem Fußweg nach Westen zu erreichen). Das Heiligtum ist eine künstlich erweiterte Felsgrotte, wie geschaffen für die Verehrung des persischen Lichtgottes; denn alter Tradition gemäß stellte die Grotte für die Mithrasgläubigen das Himmelsgewölbe dar. Trotz späterer Veränderungen – die Grotte war im Mittelalter zeitweilig christliche Wallfahrtsstätte – haben sich in der Grotte die wesentlichen Elemente eines Mithräums bis heute erhalten und geben dem Mithrastempel am Halberg den Charakter eines »religionsgeschichtlichen Denkmals ersten Ranges«. (Ein Felsbild des Mithraskultes, ebenso selten wie das Halberger Höhlenheiligtum, wurde bei Schwarzerden im Kreise St. Wendel entdeckt und ist dort unter einem Schutzbau konserviert.)

Das *Landesmuseum für Vor- und Frühgeschichte* am Ludwigsplatz, Palais Freital, zeigt Steinbilder römischer und keltischer Gottheiten und vermittelt in übersichtlich nach Gruppen geordneten Funden ein Bild der gallo-römischen Zivilisation des Saarlandes vom 1.–4. Jahrhundert. Ein Kuriosum sind die tönernen Münzförmchen aus der sog. »Münzfälscherei« von Pachten. Wandmalereien von einer Villa aus Mechern bei Merzig gehören zu den »bedeutendsten röm. Wandbildserien nördlich der Alpen«.

Homburg-Schwarzenacker

31 km auf der B 40 von Saarbrücken nach Homburg. Zur B 423, die man nach Süden 8 km nach Schwarzenacker verfolgt. Zum Gasthof „Zum Römerhaus“. Gegenüber auf der rechten Straßenseite Weg zum Eingang der Ausgrabungen der Römerstadt. – Von Zweibrücken auf der B 10, Autobahn 8 10 km zur Abfahrt Homburg-Einöd. Von dort auf der B 423 nach Schwarzenacker. Führungsblatt am Eingang der Ausgrabungsstätte.

Fußbodenmosaik aus Nennig: Die Fechter mit Stab und Peitsche.

Fußbodenmosaik aus Nennig: Der Panther mit dem Speerwerfer.

Fußbodenmosaik aus Nennig: Der Bär mit den drei Fechtern.

Fußbodenmosaik aus Nennig: Orgelpfeifer und Hornbläser.

Fußbodenmosaik aus Nennig, Ausschnitt: Kampf der Gladiatoren.

Ausschnitt aus einem Bildquader eines Pfeilergrabes der Villa Nennig.

Von Saarbrücken über Saarlouis nach *Nennig* an der Saar mit den Überresten einer bis in die späte Kaiserzeit bewohnten römischen Luxusvilla am Ufer der Saar, wie sie etwa Ausonius in seiner »Mosella« beschrieben hat, mit »der herrlichsten Aussicht über Flur und Wald«, mit »Dächern, die auf zahllose Säulen gestützt sind«, mit »Hallen auf grünenden Wiesen« und »dampfenden Bädern, auf des Flusses Rand gebaut«.

Das zweistöckige Herrenhaus mit einer über 45 Meter langen Fassade war von dreigeschossigen Risaliten flankiert und hatte zu beiden Seiten Säulengänge. Wohn- und Arbeitsräume waren durch einen Peristylhof mit einem Brunnen in der Mitte voneinander getrennt. Außerhalb der Villa und mit Hauptgebäude durch einen von Statuen gesäumten 250 Meter langen Wandelgang verbunden lagen die Bäder. Die Entfernung der Bäder schützte das Hauptgebäude gegen Feuersgefahr und gewährleistete Abgeschiedenheit.

Fast vollständig erhalten und in einem Schutzbau konserviert ist der Mosaikfußboden des Hauptsaales. In sechs oktogonalen Medaillons und einem quadratischen Feld werden Szenen aus dem Amphitheater dargestellt, im Hauptbild ein Gladiatorenkampf unter dem wachsamen Auge eines Schiedsrichters. Ein Orgelspieler und ein Cornubläser sorgen für Zwischenakts- und Begleitmusik. Dargestellt sind u. a. Fechter und Speerwerfer. Vom kunsthistorischen Standpunkt zählt das Mosaik »zu den größten Schöpfungen römischer Mosaikkunst nördlich der Alpen».

Nennig
36 km von Trier auf der B 419. Von Osten auf der B 51 über Merzig-Mettlach nach der Großen Saarschleife nach links auf die E 42 abbiegen. Hinweisschilder im Ort zur Römischen Villa.

Trier, die Kaiserstadt an der Mosel

Konz
9 km südwestlich von Trier. Die Reste der römischen Kaiservilla stehen baulich im Zusammenhang mit der Kirche St. Nikolaus auf der Höhe über dem Moseltal. Die Lage des römischen Palastes läßt sich gut vom Bahnhof her beobachten. Hinweistafeln und Rekonstruktionszeichnungen des Palastes in einem Raum unter der Kirche (Heizungsanlage des Apsidensaales des Palastes).

Von Nennig führt der Weg nach Trier über *Konz* (Contionacum) am Zusammenfluß von Saar und Mosel. Zur Rechten erscheint auf einer Anhöhe die moderne Pfarrkirche St. Nikolaus. An ihrer Stelle lag in römischer Zeit eine palastartige Villa, wahrscheinlich Sommersitz der in Trier residierenden Kaiser. An das römische Bauwerk erinnern Mauerreste auf der Terrasse vor der Kirche. Baureste einer Badeanlage sind auf der Westseite der Kirche inmitten von Grabdenkmälern des neuzeitlichen Friedhofs zu sehen.
In einem Raum unter der Kirche ist die Heizungsanlage für eine Apsidenhalle des Kaiserpalastes konserviert.
End- und Höhepunkt einer Reise durch das römische Deutschland ist *Trier,* die alte Kaiserstadt des weströmischen Reiches an der Mosel (Augusta Treverorum, oder einfach Treveris, wie die Stadt später hieß). Hier konnte sich nach der erfolgreichen Abwehr der Barbarenstürme im 4. Jahrhundert die Pracht römischer Zivilisation noch einmal zu voller Blüte entfalten. (Für den Besuch Triers sollte man sich so viel Zeit wie möglich nehmen. Zwei Tage dürften das Minimum sein.)
Ein Rundgang zur Besichtigung der römischen Bauwerke – keine andere Römerstadt in Deutschland hat so viel an römischer Bausubstanz erhalten wie Trier – beginnt mit der Porta Nigra, dem Nordtor

Die Porta Nigra in Trier.

der Stadt. Daß uns die Porta im wesentlichen heute so erscheint, wie die römischen Kaiser sie konzipiert und gesehen haben, verdanken wir Napoleon I., der nach der Einverleibung Triers in das französische Staatsgebiet 1804 befahl, die Porta »von allen späteren An- und Einbauten zu befreien und ihr das ursprüngliche Aussehen wiederzugeben«. Der Bau, so wird angenommen, wurde um 180 n. Chr. errichtet, aber nie ganz fertiggestellt, wie am Mauerwerk vorspringende Quader und nur roh behauene Säulenkapitelle erkennen lassen. Ein Kuriosum sind die Steinhauermarken (beispielsweise auf Quadern der westlichen Tordurchfahrt), die als Kontrollzeichen in den Steinbrüchen oder auf dem Werkplatz zum Zweck der Abrechnung angebracht wurden.

Durch die Örenstraße (von horrea, Getreidespeicher) zum Bürgerhospital St. Irminen, in dem Mauerreste des spätrömischen Getreidespeichers erhalten sind; zur römischen Moselbrücke, die noch heute dem Verkehr dient und von deren sieben Pfeilern fünf so im Fluß stehen, wie sie 144 n. Chr. errichtet wurden; zu den beiden Badepalästen, den Barbarathermen, die noch zur Frankenzeit benutzt wurden, und den Kaiserthermen, die wahrscheinlich niemals ihrem ursprünglichen Zweck gedient haben; zum Amphitheater am Hang des Petriberges; zur Aula Palatina oder Basilika, dem Mittelbau des konstantinischen Palastbezirks und »Herzstück der kaiserlichen Residenz« (man beachte in den äußeren Fensternischen der Westwand die Reste mit ockerfarbener Malerei geschmückten römischen Buntputzes, eindrucksvolle Zeugnisse der »Echtheit« dieser Mauer) zum Dom mit dem »Quadratbau« des Kaisers Gratian (an der Nordseite in der Windstraße).

Römisches Weinschiff in Neumagen, das Original befindet sich in Trier.

Fragment von einem Grabmal aus Neumagen, spätes 2. Jh. n. Chr. (Rhein. Landesmuseum Trier).

Museumsmosaik (Rhein. Landesmuseum Trier).

Auch der Friedhof bei der Kirche St. Matthias »vor den Toren der Stadt« bringt mit der Grabanlage der Albana und antiken Sarkophagen inmitten neuzeitlicher Gräber die ungebrochene geschichtliche Kontinuität vom Altertum bis zur Gegenwart zum Bewußtsein.

Das *Rheinische Landesmuseum* (Ostallee 44) gehört wegen der Qualität und Reichhaltigkeit der Ausstellungsstücke und der hervorragenden Gestaltung der Sammlung zu den großen archäologischen Museen der Gegenwart. Die Fülle des Dargebotenen läßt sich hier nur andeuten. Hervorgehoben seien: qualitätvolle Bodenmosaike, schöne Marmorskulpturen, formenreiche Keramik, künstlerische Glasgegenstände, darunter ein Diatretglas (s. o. Köln), vor allem die einzigartige Sammlung von Grabmonumenten aus den Fundamenten der spätrömischen Festung von Neumagen mit ihren Reliefdarstellungen, in Stein gehauene Momentaufnahmen von Szenen aus dem täglichen Leben der moselländischen Römer, zugleich Zeugnisse ihres hohen Zivilisations- und Kulturstandes, darunter das Weinschiff, die Pachtzahlung und das wegen der Lebendigkeit der Darstellung unübertroffene Schulrelief. Seit 1974 sind viele dieser Plastiken, die bis dahin wegen Raummangels magaziniert waren, in einem dem Museum angeschlossenen Lapidarium der Öffentlichkeit zugänglich gemacht worden.

Unumgänglich ist auch ein Besuch des *Bischöflichen Museums* (Banthusstr. 6) mit den aus tausend Bruchstücken aus dem Bauschutt unterhalb des Domes zusammengesetzten Deckengemälden, wahrscheinlich Porträts von Mitgliedern der kaiserlichen Familie. In einem für 1986 geplanten neuen *Dom- und Diözesenmuseum* sollen mehrere tausend aus Platzmangel bisher

nicht gezeigte Römerfunde ausgestellt werden.
Beim Besuch des Lapidariums des Rheinischen Landesmuseums befindet man sich sozusagen »im Schatten« der im Innenhof des Museums in Kunststein nachgebildeten »Igeler Säule«, dem pfeilerartigen Grabmonument der Secundinier, einer reichen Tuchhändler- und Großgrundbesitzerfamilie aus der Umgebung von Trier.

Das Original steht im Dorf *Igel* (auf dem linken Moselufer ungefähr acht Kilometer südwestlich von Trier an der B 49, der alten Römerstraße von Trier nach Reims) noch an der gleichen Stelle, an der es im zweiten Viertel des 3. Jahrhunderts errichtet wurde. Während der Kampagne in Frankreich 1792 hatte Goethe das Denkmal, das ihm von ferne wie ein Leuchtturm erschien, besucht und war fas-

Reliefdarstellungen von der Igeler Säule.

ziniert von der Vielzahl der Reliefdarstellungen aus dem römischen Alltagsleben auf allen Seiten der Säule. In ihnen spürte er »die Lust und Liebe, seine persönliche Gegenwart mit aller Umgebung und den Zeugnissen von Tätigkeit sinnlich auf die Nachwelt zu bringen«. Und Theodor Mommsen sah in Darstellungen, wie sie auf der Igeler Säule erscheinen, einen Beweis dafür, »daß in diesem schönen Land bereits vor anderthalb Jahrtausenden friedliche Tätigkeit, heiterer Genuß und warmes Leben pulsiert hat«.

Bei einem Besuch des Trierer Stadtteils *Pfalzel* (Palatiolum = Kleine Pfalz) lassen sich Reste eines spätrömischen Kaiserpalastes an den Außenwänden der Stiftskirche beobachten. Das römische Mauerwerk ist hier teilweise noch bis zur Höhe von zwölf Metern erhalten.

Bollendorf
Von Trier 37 km auf der B 49 zur Kreuzung mit der B 419 nach Echternach. Von dort 7 km nach Bollendorf. Oder von Bitburg 21 km auf der B 419 nach Echternach. Am Ortseingang Bollendorf führt ein Weg nach rechts (Hinweisschild „Vogelfreigehege") zum Dianaweg, den man bis zur villa rustica verfolgt.

Ernzen
Von Bitburg auf der B 257 Richtung Echternach. Nach 15 km rechts abbiegen nach Ernzen zum Weihealtar für den keltischen Gott Intarabus.

Bitburg
30 km von Trier auf der B 51. Das Kreismuseum mit römischen Funden liegt in der Denkmalstraße neben dem Gymnasium. Die spätrömische Mauer ist sichtbar unter dem Rathaus. Einzelteile außerdem in einer Grünanlage gegenüber dem Hotel „Eifelbräu".

Otrang-Fliessem
Von Bitburg auf der B 251 nach Erdorf und von dort nach Norden weiter zur „Ausgrabungsstätte Otrang".

Im Chor der Kirche und dem östlichen Kreuzarm ist das Quadrat und der Vorsprung des südöstlichen Turms der Kaiserresidenz erhalten. Im nördlichen Vorraum der Kirche ist ein Teil des römischen Mosaikfußbodens mit darübergelegten Marmorplatten konserviert und sichtbar gemacht.

Moselabwärts nach Passieren des Ortes *Detzem* (»ad decimum lapidem« – beim zehnten Meilenstein) gelangt man nach *Neumagen*, dem römischen Noviomagus und Fundort der berühmten Grabplastiken, die im 4. Jahrhundert unter Kaiser Konstantin dem Großen für die Fundamente einer Festungsmauer verwendet worden waren. Noviomagus war eine der befestigten Straßenstationen (andere waren Beda – Bitburg, Juliacum – Jülich und Jünkerath – Icorigium), die in spätrömischer Zeit im Hinterland zum Schutz wichtiger Verkehrswege errichtet wurden. Die Festung Noviomagus muß ein mächtiger eindrucksvoller Bau gewesen sein. Ausonius sah ihn im Moseltal liegen, als er 369 auf seiner Reise von Bingen nach Trier die Niederemmeler Höhe erreichte. Er nannte sie »divi castra inclita Constantini«, die berühmte Feste des göttlichen Konstantin.

In der Nähe der Neumagener Pfarrkirche erhebt sich auf antiker Grundmauer ein in rotem Sandstein z. T. wiederaufgebauter Eckturm der Festung. An der Peterskapelle ist eine Nachbildung des »Weinschiffes« aufgestellt; in einem kleinen Park unterhalb der Peterskapelle die Nachbildung einer als »Morgentoilette« bezeichneten Plastik in eine Mauer eingelassen.

Der Aufenthalt in Trier läßt sich schließlich mit dem Besuch von zwei römischen Gutshöfen verbinden.

Über Echternach erreicht man *Bollendorf*. Hier liegen die konservierten Reste einer einfachen Portikusvilla in ausgesucht schöner Lage über dem Tal der Sauer. Die Villa hatte einen Keller mit Tonnengewölbe und erhielt in einem späteren Bauabschnitt, als sich gehobene Lebensansprüche und die römische Lebensweise unter den wohlhabenden Bauern des Eifellandes durchsetzten, eine Badeanlage mit Hypokausten. Erhalten sind die talseitigen Fundamente der Säulenhalle mit einem Mittelzugang über eine Treppe. Im Ortsteil *Weilersbach* steht ein aus dem natürlichen Felsen herausgemeißeltes Weihedenkmal für Diana, die Göttin der Jagd. Die Inschrift weist Quintus Postumius Potens als Stifter aus; er weihte den Stein in Erfüllung eines Gelübdes.

Auf dem Weg nach Bollendorf lohnt sich ein kurzer Abstecher nach *Ernzen*. Dort steht in ländlicher Umgebung wie zur Römerzeit an seinem Fundort das wiederaufgebaute »Tempelchen« (aedicula) mit einem Weihealtar für den keltischen Gott Intarabus, Schützer von Wald und Flur.

Wesentlich großartiger als die Villa in Bollendorf ist ihrer Anlage und ihrem Erhaltungszustand nach die Villa bei *Otrang-Fliessem*. Man erreicht sie von Trier aus auf der B 51 über *Bitburg* (dem römischen »vicus Beda«, an der Militärstraße Trier-Köln). Dort trifft man auf Reste der spätrömischen Festungsmauer an der Straße »Römermauer« und auf der Ostseite des Rathauses aus der Zeit, als nach dem Fall des Limes im Hinterland feste Plätze als »Wellenbrecher« der Germanenfluten entstanden. Im *Kreismuseum* in der Denkmalstraße sieht man Kleinfunde aus Bitburg und Umgebung.

Etwa vier Kilometer nach dem Ortsausgang von Bitburg führen Hinweisschilder zur *Römischen Villa von Otrang*. Es handelt sich im

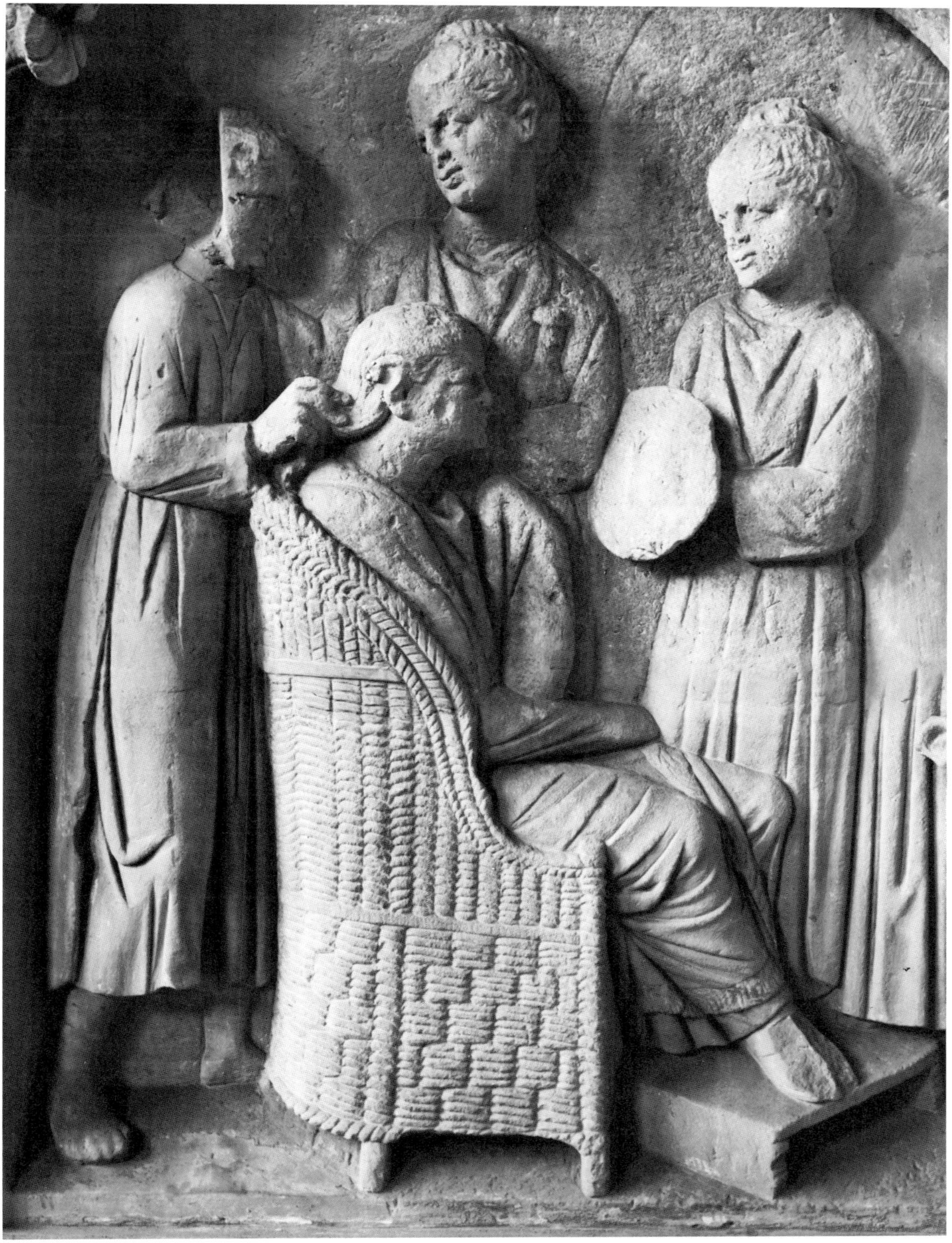

Dame mit Dienerinnen bei der Toilette, Darstellung auf einem Grabmal aus Neumagen (Rhein. Landesmuseum Trier).

Gegensatz zu Bollendorf um eine herrschaftliche Gutsanlage für Viehzucht im Großbetrieb, möglicherweise auch um ein Gestüt in kaiserlichem Besitz. Das Gutshaus war zum Teil zweistöckig und besaß sechsundsechzig Räume, von denen vierzehn mit Fußbodenmosaiken ausgestattet waren. Die südliche Portikusfassade mit vorspringenden Eckflügeln, die in apsidialen Aussichts- und Sonnenpavillons endeten, ist zum Teil wiederaufgebaut. Einige der antiken Säulen sind wiederaufgerichtet und geben der Anlage einen südländischen Anstrich.

Die aufgefundenen Mosaike sind in Schutzhäusern konserviert; ebenso erhebt sich ein Schutzhaus über einer großen Badeanlage. Eine »Villa rustica« von ungewöhnlicher Größe, die ab 180 n. Chr. errichtet worden war.

Man sollte nicht versäumen, vom Weg unterhalb der Südfassade einen Blick auf die Villa am Talhang zu werfen und danach von der Säulenhalle das Wiesental und die fernen Wälder mit dem Auge des römischen Besitzers zu betrachten. »In der Stille der verzauberten Wald-, Feld- und Wiesenlandschaft fühlt man sich wie kaum an einem anderen Ort des römischen Deutschlands mit den Menschen verbunden, die vor fast 2000 Jahren hier gelebt und gewirkt haben.«

Bildquellenverzeichnis

Seite	
10	Mittelrhein. Landesmuseum Mainz
11	Rhein. Landesmuseum Bonn, Archäologischer Park Xanten
12	Rhein. Landesmuseum Bonn
16	Röm. Museum Augsburg, Dr. Leo Weber
17	Kreismuseum Neuwied, Günther Schellhaas
18	oben und unten: Rhein. Landesmuseum Bonn
19	Helga Schmidt-Glassner, Stuttgart
20	Archiv Umschau-Verlag
21	Rhein. Landesmuseum Trier, H. Thörnig
22	Rhein. Landesmuseum Bonn
23	Hans Retzlaff, Tann/Rhön
24	Röm.-German. Museum Köln
24	Mittelrhein. Landesmuseum Mainz
25	Mittelrhein. Landesmuseum Mainz
26	Röm. Museum Augsburg, Dr. Leo Weber
27	Rhein. Landesmuseum Bonn
30	Rhein. Landesmuseum Bonn, Archäologischer Park Xanten
31	oben: Rudolf Pörtner
31	unten: Rhein. Landesmuseum Bonn, Archäologischer Park Xanten
32	oben und unten: Rhein. Landesmuseum Bonn, Archäologischer Park Xanten
33	Bildarchiv der Stadt Krefeld
34	oben: Rhein. Landesmuseum Bonn
34	unten: Clemens-Sels-Museum Neuss
35	oben und unten: Clemens-Sels-Museum Neuss, Walter Klein
37	Hans Retzlaff, Tann/Rhön
38	Rhein. Bildarchiv Köln
39	Verkehrsamt der Stadt Köln, Helmut Nils Loose
40	Rhein. Bildarchiv Köln
41	Archiv Umschau-Verlag
41	Archiv Umschau-Verlag
42	Rhein. Landesmuseum Bonn
43	oben und unten: Rhein. Landesmuseum Bonn
44	Rhein. Landesmuseum Bonn
45	Rhein. Landesmuseum Bonn
46	Rhein. Landesmuseum Bonn
47	Rhein. Landesmuseum Bonn
49	Museum der Stadt Miltenberg

Seite	
50	Stadtmuseum Andernach
51	links: Kreismuseum Neuwied, Uwe Schöllkopf
51	rechts: Rhein. Landesmuseum Bonn
52	Kreismuseum Neuwied
53	Rhein. Landesmuseum Bonn
54	Kreismuseum Neuwied, Uwe Schöllkopf
55	Kreismuseum Neuwied, Uwe Schöllkopf
56	Röm.-Germanisches Zentralmuseum Mainz, Dr. Künzl
57	Röm.-Germanisches Zentralmuseum Mainz, Dr. Künzl
58	Röm.-Germanisches Zentralmuseum Mainz, Dr. Künzl
59	Rhein. Landesmuseum Bonn, Witte
61	Museum Alzey
62	Museum Alzey
63	Museum Alzey
64	oben und unten: Museum Alzey
65	Museum Alzey
66	Mittelrhein. Landesmuseum Mainz
67	Röm.-Germanisches Zentralmuseum Mainz
68	Mittelrhein. Landesmuseum Mainz
69	Mittelrhein. Landesmuseum Mainz
70	oben und unten: Mittelrhein. Landesmuseum Mainz
71	Hans Retzlaff, Tann/Rhön
72	Mittelrhein. Landesmuseum Mainz
73	Mittelrhein. Landesmuseum Mainz
74	Mittelrhein. Landesmuseum Mainz
75	Mittelrhein. Landesmuseum Mainz
76	Deutsche Presse-Agentur, Wieseler
77	Deutsche Presse-Agentur, Witschel
78	Museum Wiesbaden
79	Museum Wiesbaden
80	links: Museum Wiesbaden
81	2 Abb. oben: Museum für Vor- und Frühgeschichte, Frankfurt am Main
81	unten: Museum für Vor- und Frühgeschichte, Frankfurt am Main
82	Museum Wiesbaden
83	Museum Wiesbaden
85	Gerhard Klammet, Ohlstedt
88/89	Karl Mündlein, Ammertsweiler
92/93	Archiv Umschau-Verlag
95	Wetterau-Museum Friedberg
96	Wetterau-Museum Friedberg
97	Wetterau-Museum Friedberg
98	Wetterau-Museum Friedberg
99	Museum der Stadt Aschaffenburg
100/101	Kreis- und Stadtmuseum Dieburg
103	Museum der Stadt Miltenberg
105	Museum der Stadt Miltenberg
106	alle Abb.: Museum der Stadt Miltenberg
107	alle Abb.: Museum der Stadt Miltenberg

Seite	
108	Römermuseum Osterburken
109	Römermuseum Osterburken
110	Römermuseum Osterburken
111	Schloßmuseum der Götzenburg Jagsthausen
112	Horst Clauß, Mainhardt
113	oben und unten: Horst Clauß, Mainhardt
115	Limesmuseum Aalen
116	Gesellschaft für Vor- und Frühgeschichte in Württemberg und Hohenzollern
117	links und rechts: Limesmuseum Aalen
120	Prähistorische Staatssammlung München
121	Prähistorische Staatssammlung München
122	Prähistorische Staatssammlung München
123	Römermuseum Weißenburg
124	Prähistorische Staatssammlung München
125	Prähistorische Staatssammlung München
126	oben: Bayer. Landesamt für Denkmalpflege, Ingolstadt
126	unten: Bayer. Landesamt für Denkmalpflege, Ingolstadt
127	oben: P. Reinecke: „Das röm. Grenzkastell Abusina bei Eining“
127	unten: Bayer. Landesamt für Denkmalpflege, Ingolstadt
128	Gäubodenmuseum Straubing
129	Gäubodenmuseum Straubing
130/131	Gäubodenmuseum Straubing
132/133	Prähistorische Staatssammlung München
134	Kunstsammlungen der Stadt Augsburg, Röm. Museum, Dr. Leo Weber
135	oben und unten: Kunstsammlungen der Stadt Augsburg, Röm. Museum, Dr. Leo Weber
136	Kunstsammlungen der Stadt Augsburg, Röm. Museum, Dr. Leo Weber
137	Kunstsammlungen der Stadt Augsburg, Röm. Museum, Dr. Leo Weber
138	Kunstsammlungen der Stadt Augsburg, Röm. Museum, Dr. Leo Weber
139	Drei Abb. Kunstsammlungen der Stadt Augsburg, Röm. Museum, Dr. Leo Weber
141	„Cambodunum-Tagung vom 25. bis 27. November 1983 in Kempten (Allgäu)“
142	oben und unten: Stadt Kempten, Archäolog. Abteilung
143	Städt. Verkehrsbüro Rottweil
145	Förderverein zur Erforschung und Erhaltung der Kulturdenkmale in Stein E.V./Gerd Schollian
146	Förderverein zur Erforschung und Erhaltung der Kulturdenkmale Stein E.V./Gerd Schollian
148	Dr. Hellmut Hell
149	Württemberg. Landesmuseum Stuttgart
151	Robert Häusser, Mannheim
152	Kurpfälz. Museum Heidelberg
153	Kurpfälz. Museum Heidelberg

Seite

154	Histor. Museum der Pfalz, Speyer
155	Histor. Museum der Pfalz, Speyer
156	links und rechts: Histor. Museum der Pfalz, Speyer
157	Museum der Stadt Worms
158	oben und unten: Museum der Stadt Worms
160	Städt. Reiss-Museum, Mannheim
162	oben und unten: Staatl. Landesbildstelle Saarland, Saarbrücken
163	oben und unten: ebd.
164	Staatl. Landesbildstelle Saarland, Saarbrücken
165	Staatl. Landesbildstelle Saarland, Saarbrücken
167	Dr. Harald Busch
168/169	oben: Dr. Wolfgang Strache, Stuttgart unten: Helga Schmidt-Glassner, Stuttgart
170	Rhein. Landesmuseum Trier, H. Thörnig
172/173	Rhein. Landesmuseum Trier
175	Helga Schmidt-Glassner, Stuttgart

ANHANG

Touristische Hinweise

AALEN

70 km von Stuttgart (B 29); 64 km von Ulm (B 19). Abfahrt jeweils zur „Stadtmitte“. Zum Limesmuseum-Stadthalle führen Hinweisschilder durch die Stadt.

ALZEY

35 km von Mainz (B 40) oder Autobahn 63 zum Autobahnkreuz Alzey, von dort Autobahn 61 bis Abfahrt Alzey. 22 km von Worms (Autobahn 61 von Süden zur Abfahrt Alzey). Die Ausgrabungen des Kastells in der Jean-Braun-Straße.

ANHAUSEN

Von Neuwied auf der Straße nach Dierdorf (Abfahrt von der B 42) nach 7,5 km zum Parkplatz „Heidegraben“ (rechts der Straße). Dort Hinweisschilder zum Kastell Anhausen und zum Limesabschnitt „Heidegraben“.

ARZBACH

Von der Autobahn 3 (E 5) Köln-Frankfurt Abfahrt Montabaur. Auf der B 49 13 km nach Neuhäusel. Dort links abbiegen und über Eitelborn nach Arzbach. Der Limesturm liegt etwa 1 km südlich von Arzbach. Oder von Bad Ems Abfahrt von der B 260 nach Norden über Kemmenau zum Limesturm.

ASCHAFFENBURG

41 km von Frankfurt, 73 km von Würzburg, 41 km von Darmstadt. Stiftsmuseum der Stadt Aschaffenburg am Stiftsplatz (Stiftskirche). Zum Pompejanum vom Schloß zu Fuß durch den Schloßgarten oder mit dem Wagen von der Hanauer Straße (B 26) links in die Pompejanumstraße.

AUGSBURG

65 km von München, 80 km von Ulm. Die Dominikanergasse (Römisches Museum in der ehemaligen Dominikanerkirche; von der Maximilianstraße durch eine Querstraße etwa in der Höhe des Herkulesbrunnens zu erreichen) verläuft im spitzen Winkel auf die Maximilianstraße. Zum Domplatz mit Römermauer, Ausgrabung St. Johanniskirche und Peutingerhaus über Rathausplatz-Karolinenstraße-Hoher Weg.

BAD DÜRKHEIM

18 km von Ludwigshafen. Zum Kriemhildenstuhl (am Hang des Kästenberges) über die Sonnenwendstraße zum „Waldlehrpfad-Naturpfad“ (rechts von der Straße im Wald).

BAD EMS

18 km von Koblenz; 20 km von Montabaur. Zum Limesturm auf dem Wintersberg links der Lahn über die Braubacherstraße oder vom Bahnhof auf der Wintersbergstraße bis zu dem Punkt, an dem der Limes-Wanderweg nach links von der Straße abbiegt. Man verfolgt den Weg bis zum Turm.

BAD KREUZNACH	10 km von Bingen (Abfahrt von der Autobahn 61). „Römerhalle“ in der Hüffelsheimer Straße.
BAD NEUENAHR-AHRWEILER	Von der Autobahn 61 Abzweigung Bad Neuenahr-Ahrweiler Nord oder Abzweigung von der B 9 bei Bad Bodendorf (2 km südlich von Remagen) auf die B 266. Die Ausgrabungen der römischen Villa liegen an der B 267.
BADEN-BADEN	Zu den „Römischen Badruinen“ am Augustaplatz führen Hinweisschilder innerhalb der Stadt.
BADENWEILER	35 km von Freiburg; 7 km von Müllheim. Die Römische Badruine liegt im Kurpark unmittelbar unterhalb des Markgrafenbades.
BENDORF-SAYN	Der Weg zum Römerturm auf dem Pulverberg beginnt am Nordausgang von Sayn (Katholische Pfarrkirche). Durch das Brexbachtal bis zum zweiten Eisenbahnviadukt. Hier auf einer Holzbrücke über den Brexbach. Der Weg führt, zum Schluß in Serpentinen, zum Römerturm. Nach Sayn gelangt man von Neuwied auf der B 42, Abzweigung Dierdorf in Bendorf, oder auf der Autobahn 48 (Abfahrt von der Autobahn Köln-Frankfurt am Dernbacher Dreieck Richtung Koblenz) zur Abfahrt „Dierdorf“.
BINGEN	62 km von Koblenz; 28 km von Mainz.
BIRTEN	Etwa 3 km vor Xanten Abfahrt nach links von der B 57. Von der Kirche am Caelius-Grabstein vorbei zur Römerstraße und nach 80 Metern zum Amphitheater.
BITBURG	30 km von Trier auf der B 51. Das Kreismuseum mit römischen Funden liegt in der Denkmalstraße neben dem Gymnasium. Die spätrömische Mauer ist sichtbar unter dem Rathaus. Einzelteile außerdem in einer Grünanlage gegenüber dem Hotel „Eifelbräu“.
BOLLENDORF	Von Trier 37 km auf der B 49 zur Kreuzung mit der B 419 nach Echternach. Von dort 7 km nach Bollendorf. Oder von Bitburg 21 km auf der B 419 nach Echternach. Am Ortseingang Bollendorf führt ein Weg nach rechts (Hinweisschild „Vogelfreigehege“) zum Dianaweg, dem man bis zur villa rustica folgt.
BONN	Das Rheinische Landesmuseum in der Colmantstraße 14–16 erreicht man über Bonner Talweg-Baumschulenallee, von der man rechts abbiegt.
BOPPARD	21 km von Koblenz; 69 km von Mainz. Im Städtischen Verkehrsamt in der Karmeliterstraße 2 erhält man ein Faltblatt „Boppard – eine römische Festung“. Es enthält eine genaue Beschreibung des Rundganges durch das römische Boppard.
BREITENBENDEN	Von Euskirchen auf der B 266 11 km zur Abzweigung nach Mechernich oder auf der Autobahn 1 (E 42) zur Abfahrt Bad Münstereifel, Mechernich. Vom Ortsausgang auf der Straße nach Holzheim wird nach einer S-Kurve der Austritt der römischen Wasserleitung rechts sichtbar. Den Einschnitt auf der rückwärtigen Seite erreicht man auf dem Fußweg nach rechts von der Straße.

BUTZBACH 44 km von Frankfurt; 22 km von Wetzlar. Den römischen Wachtturm auf dem Schrenzer im Westen der Stadt erreicht man über die Kleebergerstraße.

DARMSTADT 21 km von Frankfurt. Das Hessische Landesmuseum am Friedensplatz liegt in der Stadtmitte im Zuge Bleichstraße-Alexanderstraße.

DIEBURG 32 km von Frankfurt; 15 km von Darmstadt. Kreis- und Stadtmuseum im Schloß Fechenbach.

EICHSTÄTT 70 km von Augsburg (über Neuburg); 27 km von Ingolstadt; 24 km von Weißenburg. Hinweisschilder im Ort zur Willibaldsburg (Juramuseum).

EINING Von Regensburg auf der B 16 38 km zur Abzweigung der B 299 nach Neustadt. Nach 3 km rechts abbiegen zum Römerkastell.

ELLINGEN Von Weißenburg 3 km auf der B 13. An der Ortsmitte auf die Straße nach Höttingen. Nach etwa 400 Metern links der Weg zum Römerkastell Sablonetum.

EPFACH 45 km von Augsburg auf der B 17. Auf dem Lorenzberg Spuren der spätrömischen Mauer.

ERNZEN Von Bitburg auf der B 257 Richtung Echternach. Nach 15 km rechts abbiegen nach Ernzen zum Weihealtar für den keltischen Gott Intarabus.

EULBACH Auf der Straße Michelstadt-Amorbach nach 10 km links der Englische Garten von Eulbach mit Römersteinen.

FELSENMEER Von Bensheim auf der B 47 (Nibelungenstraße) nach Reichenbach. Abzweigung nach Beedenkirchen-Lautern zum Parkplatz „Römersteine" im „Naturpark Bergstraße-Odenwald". Dort Hinweisschilder für eine Wanderung zu den Römersteinen.

GEISSELHARDT Auf der Straße Öhringen-Pfedelbach nach 15 km (von Öhringen) kurz vor der Ortschaft Geisselhardt am Waldrand westlich der Straße ein rekonstruierter römischer Wachtturm.

GRAB-GROSS-ERLACH Von Mainhardt auf der B 14 über Groß-Erlach etwa 8 km nach Fischbach. Dort nach links abbiegen und 5 km nach Grab. Etwa 700 Meter südlich des Ortes der wiederaufgebaute Römerturm.

GUNZENHAUSEN 28 km von Ansbach; 22 km von Weißenburg. Im Burggstall, dem Gehölz nördlich vom „Gemeinschaftsdiakonissen-Mutterhaus", Überreste der rätischen Mauer.

HAUSEN A. D. ZABER Von Heilbronn 8,5 km auf der Straße Nordheim-Brackenheim-Bretten nach Nordheim-Hausen. Scharf links 2 km nach Hausen.

HECHINGEN-STEIN 22 km von Tübingen; 39 km von Rottweil. Auf der B 27 von Tübingen nach Hechingen. Dort 3 km auf der B 32 zum Ortsausgang des Ortsteils Stein. Auf der rechten Straßenseite Hinweistafel zur Lage und Geschichte der ausgegrabenen villa rustica. Man folgt dem Fußweg bis zur Ausgrabungsstätte (ca. 200 Meter).

HEIDENHEIM A. D. BRENZ

43 km von Göppingen (B 466); 40 km von Ulm (B 19); 23 km von Aalen (B 19). Römische Badeanlage unterhalb des neuen Postgebäudes Bahnhofs- und Friedrichstraße. Zugang von Theodor-Heuß-Straße.

HIENHEIM A. D. DONAU

Von Regensburg 26 km nach Kehlheim. Von dort auf der Straße nach Neustadt 5 km zu Hadriansstein und Überresten der rätischen Mauer.

HOMBURG-SCHWARZEN-ACKER

31 km auf der B 40 von Saarbrücken nach Homburg. Zur B 423, die man nach Süden 8 km nach Schwarzenacker verfolgt. Zum Gasthof „Zum Römerhaus". Gegenüber auf der rechten Straßenseite Weg zum Eingang der Ausgrabungen der Römerstadt. – Von Zweibrücken auf der B 10, Autobahn 8 10 km zur Abfahrt Homburg-Einöd. Von dort auf der B 423 nach Schwarzenacker. Führungsblatt am Eingang der Ausgrabungsstätte.

IVERSHEIM

Von Euskirchen auf der B 51 Richtung Bad Münstereifel 8 km nach Iversheim. Vor dem Ortseingang führt eine Straße nach rechts zum Eisenbahnübergang. Nach Überqueren der Bahn nach rechts zum Schutzhaus über dem römischen Kalkofen.

JAGSTHAUSEN A. D. JAGST

34 km von Bad Mergentheim; 13 km von Möckmühl über die „Deutsche Ferienstraße Alpen-Ostsee"; 4 km von Schöntal.

KAISERSBACH

Von Welzheim in nördlicher Richtung auf der Straße nach Murrhardt 6 km bis zur Kreuzung mit der „Idyllischen Straße" (L 1120; Haltestelle des Bahnbusses von Schorndorf nach Gschwend oder Murrhardt). Von der Kreuzung auf der Straße nach Murrhardt nach 300 Metern rechts die Turmruine.

KLEINER FELDBERG

Das Limeskastell auf dem kleinen Feldberg erreicht man von Königstein im Taunus auf der B 8 4,5 km zur Abzweigung der Straße auf den Großen Feldberg, die man 2,5 km bis zum Parkplatz „Rotes Kreuz" oder „Heidenkirche" verfolgt. Von dort Fußweg zum Kastell am Kleinen Feldberg.

KÖLN-WEIDEN

Vom Busbahnhof an der Nordseite des Hauptbahnhofes mit einem RVK-Bus bis Weiden-Einkaufszentrum. Von dort zu Fuß zur Aachener Straße Nr. 328 (Grabkammer).

KÖNGEN

10 km von Esslingen; 6 km von Plochingen. Auf der Autobahn Stuttgart-Ulm bis zur Abfahrt Wendlingen. Auf der B 313 nach Osten bis zur Verkehrsampel. Links in die Adolf-Ehman-Straße bis zur Ringstraße. Von dort führt ein Weg zum Römerkastell.

KONZ

9 km südwestlich von Trier. Die Reste der römischen Kaiservilla stehen baulich im Zusammenhang mit der Kirche St. Nikolaus auf der Höhe über dem Moseltal. Die Lage des römischen Palastes läßt sich gut vom Bahnhof her beobachten. Hinweistafeln und Rekonstruktionszeichnungen des Palastes in einem Raum unter der Kirche (Heizungsanlage des Apsidensaales des Palastes).

KREFELD-GELLEP	Museumszentrum Burg Linn im Stadtteil Linn, Albert-Steeger-Straße (von der Innenstadt über Glockenspitz und Rheinbaben-Straße zu erreichen).
LADENBURG	7 km von Heidelberg; 7 km von Mannheim. Das Lobdengaumuseum befindet sich im „Bischofshof".
LAUFFEN A. NECKAR	11 km von Heilbronn; 38 km von Stuttgart. Auf der Autobahn Stuttgart-Heilbronn zur Ausfahrt Ilsfeld. Von dort ungefähr 7 km bis zum Freilichtmuseum der römischen Gutsanlage.
LORCH	41 km von Stuttgart (B 29 über Schorndorf Richtung Schwäbisch-Gmünd). Zum Römerturm links von der B 29 abbiegen (zum Kloster Lorch).
MAINHARDT	19 km von Backnang; 14 km von Schwäbisch-Hall. Das Heimatmuseum (in der ehemaligen katholischen Kirche) in der Hauptstraße.
MICHELSTADT	25 km von Eberbach; 40 km von Bensheim. 6 km von Michelstadt auf der B 47 nach Amorbach liegt links der Englische Garten von Eulbach.
MILTENBERG	40 km von Aschaffenburg; 70 km von Heidelberg.
MURRHARDT	41 km von Heilbronn; 14 km von Backnang über Sulzbach a. d. Murr.
NECKARBURKEN	Von Eberbach auf der B 37 24 km nach Mosbach. Von dort nach links auf der B 27 nach Neckarburken mit der Kastellbadruine.
NEHREN	an der B 49. Die Grabkammern liegen 1,5 km nördlich des Ortes.
NENNIG	36 km von Trier auf der B 419. Von Osten auf der B 51 über Merzig-Mettlach nach der Großen Saarschleife nach links auf die E 42 abbiegen. Hinweisschilder im Ort zur Römischen Villa.
NETTERSHEIM	Von Bad Münstereifel nach Nöthen. An der Straßenkreuzung nach links weiter nach Pesch-Zingsheim-Nettersheim. Tempelbezirk auf der „Görresburg".
NEUHOF I. TAUNUS	Nördlich von Wiesbaden an der B 417 (12 km). 2,5 km nördlich von Neuhof Parkplatz „Römerturm". Hier der rekonstruierte Wachtturm mit Palisade und gut erhaltenem Limesabschnitt.
NIERSTEIN	17 km von Mainz. Das Sironabad liegt am südlichen Ortsausgang im Sironahof.
OBERNBURG A. MAIN	20 km von Aschaffenburg; 18 km von Miltenberg. Das Museum „Römerhaus" befindet sich auf der Mainstraße 1.
OBERRIEXINGEN	In Bietigheim-Bissingen Abzweigung von der B 27 in Richtung Vaihingen. Über Unterriexingen 3 km nach Oberriexingen. – Von Stuttgart Zuffenhausen-Feuerbach auf der B 10 über Schwieberdingen nach 12 km zur Abzweigung nach Pulverdingen-Oberriexingen. Unmittelbar nach Überqueren der Enz und Eintritt in den Ort wendet man sich nach links. Hinweisschilder zum „Römerkeller" im Ort.

ÖHRINGEN	24 km von Heilbronn; 26 km von Schwäbisch-Hall. Weygang-Museum auf der Straße Karlvorstadt 38.
OSTERBURKEN	50 km von Heilbronn; 29 km von Bad Mergentheim. Hinweisschilder im Ort zum „Römerkastell".
OTRANG-FLIESSEM	Von Bitburg auf der B 251 nach Erdorf und von dort nach Norden weiter zur „Ausgrabungsstätte Otrang".
PESCH	Man erreicht den Tempelbezirk Pesch von Bad Münstereifel über die Straße Nöthen-Pesch (in Richtung Blankenheim). Knapp 2 km nach dem Ortsausgang von Nöthen erscheint auf der rechten Straßenseite eine Hinweistafel „Römisches Tempelheiligtum". Man biegt hier nach links in das Hornbachtal ein und folgt dem Weg bis zum Tempelbezirk.
PFAHLDÖBEL	Von Jagsthausen nach Sindringen-Westerbach-Pfahlbach. Hinter Pfahlbach bis zur Kreuzung mit der von Osten kommenden Straße von Friedrichruh (ein Wasserturm befindet sich an der Kreuzung). Man folgt dem asphaltierten Forstweg in den Wald. Nach ungefähr 150 Metern wird der Limes links sichtbar.
POHLHEIM-GRÜNINGEN	Von Butzbach nach Langgöns. Von dort in Richtung Holzheim nach Grüningen (an der Gabelung des Weges nach Holzheim ist der Limes gut sichtbar). Nach Verlassen des Ortsteiles Grüningen auf der Straße nach Gießen wird der Limesturm auf dem Sandberg links sichtbar. Auf einem Feldweg läßt sich der Turm von der Straße her erreichen.
RAINAU-SCHWABSBERG	Zum „Freilichtmuseum am rätischen Limes im Ostalbkreis" gelangt man von Aalen auf der neuen B 290 bis zur Abzweigung „Stausee" und zum Parkplatz Ahlbach. Von hier Fußwanderung zum Kastellbad und Kastell. – Das „Limestor bei Dalkingen" erreicht man über Schwabsberg. Kurz nach Überquerung der Jagst Hinweisschild in südlicher Richtung. Auf der Rückfahrt auf der alten B 29 zum „Parkplatz am Limes" zur Besichtigung von Römerturm und rekonstruierter rätischer Mauer im Bezirk Mahdholz.
ROTTWEIL	29 km von Tuttlingen; 61 km von Tübingen. Die Römische Badruine liegt an der B 14 in Richtung Tuttlingen beim Friedhof an der Ruhe-Christi-Kirche.
SAALBURG	Von Bad Homburg v. d. H. auf der B 456 Richtung Usingen.
SCHWÄBISCH-GMÜND	Das Kastellbad des Kastells Schirenhof (in einer Grünfläche) erreicht man über Goethestraße-Eutinghoferstraße zum Gasthof „Zum Römerkastell". Von dort an der Tankstelle vorbei links die Straße hinauf zur neuen katholischen Kirche St. Michael. Das Römerbad liegt unmittelbar hinter der Kirche.
SCHLOSSAU	Zu den Römertürmen in der Schneidershecke gelangt man von der Straße Eberbach-Amorbach. An der Kreuzung mit der Straße Mudau-Hesselbach wendet man sich in Richtung Schlossau-Mudau. Nach ungefähr 500 Metern ein Hinweisschild „Limesanlage". Ein Fußweg gegenüber dem Schild führt nach etwa 150 Metern zur Turmanlage.

STUTTGART-BAD CANNSTATT	Die Straße „Am Römerkastell“ (Kaserne, Lage des Römerkastells) erreicht man über die Altenburger Steige zum Hallschlagweg.
THEILENHOFEN	Auf der B 13 von Gunzenhausen nach Weißenburg und Eichstätt erreicht man nach 9 km von Gunzenhausen den Ort Theilenhofen. In der Ortsmitte verweist ein Hinweisschild zum etwa 1 km entfernten „Römerbad“.
UNTERBÖBINGEN	Auf der B 29 von Schwäbisch-Gmünd nach Aalen nach 9 km Abzweigung nach Oberböbingen-Heubach. In Oberböbingen führt die Römerstraße (nach links) zum Römerkastell.
VOLLEM-KALLMUTH	Von Euskirchen auf der B 266 bis Wallenthal. Dort rechts abbiegen auf die Straße Scheven-Kallmuth. Etwa 700 Meter vom Ortsausgang Kallmuth erscheint rechts der Schutzbau über der römischen Brunnenstube. Von Breitenbenden erreicht man die Brunnenstube („Klausbrunnen“) über Vussem, Vollem, dann rechts nach Kallmuth.
VUSSEM	Von Breitenbenden wenige Kilometer nach Vussem. Dort Hinweisschild „Römischer Aquädukt“ (nach links zum Sportplatz und wieder nach rechts).
WALLDÜRN	23 km von Miltenberg. Die römische Badruine liegt südöstlich an der Straße nach Waldstetten. Den Limeslehrpfad erreicht man über Seestraße, Eisenbahnüberführung, Hebelstraße zum Waldrand und Parkplatz.
WELZHEIM	Zum Ostkastell von der Ortsmitte (St. Gallus-Kirche) über Rienharzer Straße oder Aderlingstraße-Goethestraße (Hinweisschilder im Ort).
WÜRZBERG	Von der B 47 biegt man bei Eulbach nach rechts ab. Nach etwa 2 km (die Straße führt am Limes entlang) erreicht man Würzberg. Man durchfährt den Ort auf der Straße nach Breitenbuch (scharfe Rechtskurve am Ortsausgang) bis zum Parkplatz Römerbad. Geradeaus weiter zu Fuß bis zur Wegegabelung. Nach rechts auf der „Hohen Straße“ ungefähr 500 Meter bis zum Kastellbad im Wald.
ZINGSHEIM	1,5 km von Pesch (s. o.) auf dem Weg nach Nettersheim. Auch von der B 477 zu erreichen.

Namen- und Sachregister

Kursiv gesetzte Ziffern beziehen sich auf Bildunterschriften

Ortsregister

Kursiv gesetzte Ziffern beziehen sich auf Bildunterschriften